안녕, 둔촌주공아파트

안녕,
둔촌주공아파트

마지막 이야기 | 사라지는 장소를 기리는 법

사라지는 장소를 기리는 법

공간은 사람과 관계를 맺는다. 그리고 그 관계 맺는 방식에 따라 공간은 '장소'가 될 수 있다. 재건축으로 사라지게 된 아파트 단지를 기록한 <안녕,둔촌주공아파트> 프로젝트는 바로 이 지점에 관한 이야기였다. 그동안 부정적인 대상으로만 이야기되던 아파트를 누군가의 집이자 동네, 마을로 바라보니 그 안에 촘촘히 맺혀있던 관계들이 드러났다. 둔촌주공아파트는 많은 이들이 사랑한 고향과도 같은 곳이었다. 사라짐은 이미 예정되어 있었지만, 사랑하는 할머니의 영정 사진을 찍는 마음으로, 기록을 통해 기억과 관계를 이어갈 수 있으리라는 믿음으로 프로젝트를 이어갔다.

아무리 많은 이들이 사랑한 장소라고 해도 일상의 온기가 사라지면 마법이 풀린 것처럼 그 생명력을 빠르게 잃어버리게 된다. 사람들이

모두 떠나고 차갑게 굳어가던 둔촌주공아파트를 멀리서나마 끝까지
지켜보았던 것은 단 한 가닥의 온기 어린 시선이라도 그 무기력한
바스러짐을 위로해 주길 바랐기 때문이었다. 아파트 단지의 죽음을
대비하고 기리는 것은 인간사의 장례를 치르는 일과 닮아있었다.
아무도 시키지 않았지만 스스로 상주를 자처한 게 되었으니, 끝까지
자리를 뜰 수도 없었다. 둔촌주공아파트가 철거되어 다 사라진 후에도
그 40년 생애를 되돌아보는 논문과 단행본을 엮어내며 수년을 보냈다.
과거에 3년 상을 왜 치렀는지 알 것 같은 기분이라고 농담 삼아
이야기하곤 했다.

그렇게 10년을 이어온 프로젝트를 이제 끝맺으려 한다. 그냥
조용히 사라져도 될 텐데 굳이 이렇게 지난 시간을 회고하는 에세이로
마지막 책을 또 꾸리는 것은 그동안 함께 해준 이들에게 감사하다는
끝인사를 제대로 못 한 듯한 기분이 들어서다. 에세이를 괜히 쓴다고
했나 싶기도 했다. 덮어두었던 지난 10년의 기억과 감정을 다시 꺼내어
곱씹는 과정이 쉽지는 않았다. 그래도 지난 모든 걸 한 곳에 담아두고
이제 홀가분히 일어나도 된다는 마침표를 나에게 선물해 주고 싶었다.

점점 옅어지고 끊어지는 사람과 공간의 관계를 이어 붙이고
기억하려 애쓴 시간을 기록한 이번 책이 끝없이 반복되는 수많은
사라짐을 겪는 이들에게 작은 위로가 되길 바란다.

2023년 10월
이인규

안녕, 둔촌주공아파트
마지막이야기

고향

지금으로부터 10년 전이던 2013년, '고향이 어디세요?'라는
제목의 서문으로 <안녕,둔촌주공아파트> 프로젝트를 시작했다. 처음
만난 사람들이 자연스레 출신 지역에 관한 이야기를 주고받으며 서로
조금씩 알아가듯, 나의 고향 둔촌주공아파트에도 사람들이 관심 가져
주길 바라는 마음으로 조심스레 이야기를 시작하고 싶었다. 나는 내가
태어나고 자란 아파트 단지를 나의 고향이자 나의 동네라 생각하며
살았고, 이제 곧 재건축으로 사라지게 될 그곳의 이야기를 함께 나누고
싶다는 마음을 전했다.

　　그런데 그게 신문에 날 정도로 신기하고 새로운 이야기일 줄은
몰랐다. "나의 살던 고향은 주공아파트... 상품 아닌 鄕愁(향수)의
공간"이란 제목으로 신문 한 면을 다 차지하는 긴 기사가 실렸다.

둔촌주공아파트가 나의 고향이라는 건 나에게는 언제나 당연하고
자연스러운 일이었는데, 다들 많이 놀란 눈치였다.

　'고향'이라는 말은 사람의 마음을 뭉클하게 하는 힘이 있다. 언제
가도 푸근하게 받아줄 것 같은, 평화롭고 아름다운 시골의 정취가
떠오르는 정감 어린 말이다. 구수한 밥 짓는 냄새나 닭의 울음소리 같은
게 연상되기도 한다. 실제로 그런 고향을 떠나와서 마음에 품고 살던
어르신 세대에게는 물론이고, 평생 고향이 없다고 여기며 살았을 내
또래의 세대에게도 마찬가지로 '고향'이라는 단어는 아련한 그리움을
자아내는 그런 말이다. 그런데 내가 그 아름다운 단어를 삭막한 도시
삶의 대명사와도 같았던 '아파트'와 연결 지어버린 것이다. 다들
놀란 것도 한편으로는 이해가 된다. 하지만 나는 둔촌주공아파트와
고향이라는 두 단어의 조합을 어색하게 느낀 적이 한 번도 없었다.
그곳은 새로 만들어진 아파트 단지였지만, 어딘지 모르게 시골스러운
정겨운 정취가 가득한 곳이었다. 동네 이름에 '촌'이 들어가서 더
그렇게 느껴졌을까? 심지어 그린벨트 쪽에서 닭의 울음소리도 들렸다.

　재건축으로 다들 예민해져 있는 상황에서도 '고향'은 마법의
단어였다. 동네 어르신들도 처음에는 나를 경계하며 이 프로젝트를 왜
하는 거냐고 물어보시곤 했다. 재건축 조합의 돈으로 진행하는 것인지,
혹은 재건축 자체를 반대하거나 아니면 재건축 조합의 진행 방식을
반대하는 어떤 배후 세력과 닿아있는 건 아닌지 조심스레 떠보시는
듯했다. 그때마다 "여기가 제 고향이거든요."라는 마법의 문장으로
이야기를 시작하면 다들 엄마 미소, 아빠 미소를 지으시며 경계를 풀고

따뜻하게 품어주셨다. 굳이 길게 설명하지 않아도 '고향'이라는 말을 어떤 의미로 꺼낸 건지 다들 이미 알고 있는 것 같았다. 그 한마디로 내가 이곳을 기록하는 이유가 이미 충분하다고 인정해 주시는 듯했다.

'아파트'와 '고향'은 일반적으로 낯설게 느끼는 단어의 조합이었지만, 이 동네 사람들에게는 쉽게 받아들여지는 결합이었다. 내 또래의 사람들은 "그러네, 내 고향도 둔촌주공아파트였네!"라며 잃어버렸던 소중한 존재를 되찾은 듯 기뻐했다. 그동안 이 사실을 미처 생각하지 못했다는 점을 오히려 놀라워했다. 그런 아이들을 키워온 부모님 세대의 어르신들은 지나간 긴 세월을 세어보듯 잠시 아련해지시다가 입을 열어 말씀하시곤 했다. 어느덧 고향에서 지낸 시간보다 이곳에서 지낸 시간이 더 길어졌다고. 이곳은 자신의 '제2의 고향'이라고. 다들 가슴 속 깊이 품고 있던 어떤 모호한 마음에 꼭 맞는 말을 이제야 만난 듯했다.

다시 돌아온 둔촌주공아파트에서

프로젝트를 처음 시작할 때만 해도 걱정이 컸다. 과연 이 이야기가
사람들에게 공감받을 수 있을까? 지금도 크게 다르지는 않지만,
'아파트를 좋아한다'라고 운을 띄우면 다들 부동산 투자에 관심 있다는
얘기로 당연하게 받아들였다. 더군다나 오래되고 낡은 아파트를 투자의
대상이 아닌 애정의 대상으로 여기며 좋아한다는 이야기는 아예 들어본
적이 없는 신기한 이야기이던 시절이었다.

둔촌주공아파트에서 평생 산 친구도 처음에는 내 이야기에
깊이 공감해 주질 않았다. "요즘은 집이 너무 오래되어서 정말 춥고,
주차난도 너무 심해져서 동네 사람들끼리도 분위기가 험해졌어.
네가 하려는 건 너무 낭만적이던 시절 얘기 같아." 당시에 나는
둔촌주공아파트에 살고 있지 않았고, 마지막으로 살아본 지도 벌써 몇

년이 지났었기에 친구의 이런 반응에 더 걱정될 수밖에 없었다. 그래도
나는 먼저 떠나봐서 이곳이 얼마나 그리울 곳인지 이미 알고 있었던
것이 친구와 나의 다른 점이었다. 그래서 내가 더 마음이 조급했던
것 같다. 이곳이 사라지기 전에 지금 기록을 시작해야 한다는 생각은
변함이 없었다.

  그즈음 구글 재팬에서 진행한 '미래에의 기억'이라는 프로젝트를
알게 되었다. 회사에서 칸 광고제 수상작들을 리뷰하다가 우연히 알게
된 프로젝트였다. 그들은 동일본 대지진 당시에 폐허가 된 지역의
주민들이 잃어버린 건 평온한 일상, 재산, 집과 마을뿐 아니라 미래로
나아가기 위한 과거의 기억도 포함된다고 하였다. 그리고 사라진 과거
기억을 복원하기 위해 사진과 자료들을 모으는 플랫폼을 온라인상에
마련하였다. 갑작스러운 자연재해로 사라진 마을의 기억을 복원하기
위해 함께 힘을 모으는 걸 보고 가슴이 뭉클했다. 그렇다면 둔촌주공
아파트의 재건축은 예정된 인재이니 사전에 대비할 수 있지 않을까
생각이 들었다.

  이곳이 사라지기 전에 여기에 살았던 이들과 함께 기억의 저장고
같은 것을 만들어 두는 프로젝트를 해봐야겠다고 생각하게 되었다.
이미 프리챌, 싸이월드를 겪어보아서 온라인의 웹페이지나 커뮤니티는
한순간에 사라져 버릴 수 있다는 것을 알았다. 그리고 그 과정에서
개인이 할 수 있는 일이 별로 없다는 것도 알고 있었다. 심지어 구글도
언제까지 유지될지는 아무도 모르는 일이다. 사라짐이 아쉬워서
남겨두는 기록인데, 그마저도 사라져 버리면 안 될 것 같았다. 그래서

온라인상의 기록이 아닌, 존재가 더 확실한 물성이 있는 책으로 기록을
남겨두기로 했다.

하지만 여전히 얼마나 공감받을 수 있을지, 얼마나 많은 이가 함께
해줄지 알 수 없었다. 그래도 둔촌주공아파트가 이렇게나 좋은데,
나와 비슷한 생각을 하는 이가 분명히 있지 않을까? 그래서 한 번
따져보았다. 대략 6천 세대가 모인 단지이고, 한 집에 3~4명이 산다면
동시에 약 2만여 명이 사는 셈이다. 애들 키우는 동안 10~20년 정도
살다 떠난 이들도 많이 있을 테니 지난 30년 동안 약 5만 명이 살았다고
해 보자. 거기서 백 명 중 한 명, 단 1%만이라도 공감할 수 있으면 되는
거다. 그렇게 첫 책의 인쇄 부수는 500부로 정해졌다. 처음 시작하는
독립출판물치고 적지 않은 발행 부수였지만 둔촌주공아파트치고는
적은 부수라고 믿기로 했다.

|

당장 책을 만들어야겠는데, 어떻게 책을 만들어야 하는지 몰랐다.
그래도 궁하면 길을 찾게 되는 법. 우연히 KT&G상상마당에서
'마가진가쎄'라는 이름의 독립출판 수업을 발견하였다. 그때만
해도 독립출판이라는 게 흔하지 않던 시절이어서 그게 뭔지도 잘
몰랐지만, 바로 '이거다!' 싶어서 일단 신청했다. 그때 내가 살던
동네는 분당이었고 회사는 강남이었다. 홍대에 있던 KT&G상상마당에
가기 위해 한겨울에 강남에서 홍대까지 갔다가 분당으로 돌아가는

생활을 한동안 이어갔다. 수업을 듣고도 아직 모르는 게 너무 많아서 인터넷으로 검색해서 알게 된 한 제작자에게 무턱대고 이메일을 보내 이런저런 궁금한 걸 물어보기도 했다. 인디자인도 처음 다뤄보는 프로그램이었지만 무턱대고 일단 책 한 권을 사서 필요한 기능만 배워가며 책을 만들어 냈다. 그 책 한 권으로부터 이후의 모든 이야기가 시작되었다. 그렇기에 정말 큰 의미가 있는 작업이긴 하다. 하지만 첫 번째 책의 초판본을 갖고 계신 분들께는 새로 인쇄한 책을 보내드리고 절대로 예전 책을 열어보지 말아 달라고 부탁드리고 싶을 정도로 지금 되돌아보면 부끄러운 오점투성이였다.

    책을 출간하고 KT&G상상마당에서 주최한 '어바웃 북스'라는 북마켓에도 처음으로 참가했다. 떨리는 마음으로 독립출판 서점에 찾아가 입고도 하였다. 프로젝트를 홍보하기 위해 페이스북에 <안녕,둔촌주공아파트> 페이지를 열었다. 마침 2013년 당시에는 싸이월드에서 페이스북으로 사람들이 점차 넘어오는 분위기였다. 처음에는 주변 지인들 몇몇이 응원해 주는 정도였는데 신기하게도 둔촌주공아파트에 살고 있던 동네 사람들에게도 조금씩 소문이 퍼져나갔다. 그들은 마치 오래 알고 지낸 동네 친구가 TV에 나온 마냥 <안녕,둔촌주공아파트> 페이지를 신기해하며 반겨주었다. 가끔 정말로 신문이나 뉴스에 우리 프로젝트가 소개되면 동네 경사가 난 것처럼 다들 기뻐해 주었다. 독립출판이라는 씬이 이제 막 커지고 있던 시점이라, 늘 새로운 걸 찾는 미디어의 관심이 독립출판 쪽으로 점차 쏠리고 있던 덕도 컸다. 그리고 SNS로 만난 분들의 응원 덕분에 두 번째 책을 만들 때부터는 소셜펀딩으로 제작비도 마련하며 자금 부담도 덜 수 있었다. 독립출판 씬과 SNS 그리고 소셜펀딩 같은 창작과 유통 방식의 변화가 이렇게 오랫동안 혼자서 프로젝트를 진행할 수 있게 해준 중요한 배경이었다. 그런 변화에 나름대로 용기를 갖고 도전하고 시도해 본 건 지금 생각해도 스스로 칭찬하고 싶은 부분이다.

|

그런데 그런 큰 세상의 변화나 개인의 노력만으로는 설명할 수 없는, 어떤 '천운' 같은 것이 나를 돕고 있다는 생각이 프로젝트를 진행하는 내내 늘 들었다. 그 시작은 작은 메시지 하나였다.

하루는 동북고등학교에 다니던 한 남학생이 페이스북 다이렉트 메시지(DM)를 보내왔다. 동네에 은행나무가 너무 예쁘게 물들었다며 사진을 몇 장 보내온 것이었다. 세상에! 페이지를 운영하며 처음 받아본 메시지였다. 정말 반갑고 고마웠다. 실명을 밝히는 걸 허락받고 페이스북 페이지에 그분이 보내준 노란 은행나무 사진을 올렸다. "헐 뭐야 이거 너야?", "너냐?" 그 학생의 친구들 반응이 댓글 창에 줄줄이 달렸다. 바로 이어서 그들도 DM으로 동네 사진을 보내며 자기도 올려달라고 난리였다. 다들 실명을 밝히는 걸 즐거워했다. 소셜네트워크가 이제 막 확산하던 초기 시절이다 보니 이렇게 쌍방으로 소통할 수 있다는 걸 우리 모두 처음 경험하며 들떠있었던 것 같다.

처음 사진을 보내준 그 친구의 친구들, 그리고 그들의 친구와

형과 누나 동생들까지 우리 페이스북 페이지를 알게 되었다. 그렇게
자고 일어나면 팔로워가 100명씩 늘어나던 시절이 있었다. 삽시간에
팔로워가 수천 명으로 늘어났다. 동네 사진을 하나 올리면 "나도
이 동네를 정말 좋아한다."라며 간증 같은 고백이 줄줄이 이어졌다.
일파만파로 커지는 숫자를 보며 이러다가 너무 유명해지면 어떡하나
잠시 고민하기도 했다.

　　온라인 공간에 동네 분들이 꽤 많이 모이게 되면서 꽃 피는 봄에는
각자 찍은 꽃 사진을 릴레이로 올리며 온라인 꽃 잔치를 벌이기도
했다. 종종 집 나간 강아지를 찾는 걸 도와주기도 했고, <TV는 사랑을
싣고>처럼 다시 만나고 싶은 그리운 동네 지인을 수소문해서 찾아준
적도 있었다. 기린 미끄럼틀을 위한 마지막 불꽃놀이도 행사 당일에
올린 게시물 하나로 진행된 게릴라 이벤트였다. 사람들과 함께
이 동네를 기록하고 기억하고 싶다는 바람을 넘어, 그렇게 우리는
둔촌주공아파트의 남아있는 시간을 함께 살아가는 온라인상의 동네
커뮤니티가 되어 있었다.

|

　　동네 사진을 자주 올리자, 자신이 보고 싶은 곳을 찍어달라는
요청을 보내는 이들도 종종 생겨났다. 주로 이곳에 오래 살다가 멀리
떠난 분들의 부탁이었다. 특히 이민 간 이들에게는 둔촌주공아파트의
기억이 참으로 각별했다. 아주 가끔 한국에 들어올 때면 너무 바르게

변해버린 도시가 낯설었는데, 그래도 둔촌주공아파트만큼은 떠나오던 때와 변함없이 그대로여서 많은 위로가 돼주었다고 한다. 그런데 이제 둔촌주공아파트마저 사라지면 자신이 기억하는 한국이 모두 사라지는 거였다.

애틋하고 절절한 고백 같은 DM을 보내는 이들이 많았다. 그분들은 어쩌면 이 페이스북 페이지를 '둔촌주공아파트' 그 자체로 생각하는 듯했다. 그동안 이곳에서 살아서 정말 좋았고 행복했고 늘 그리워한다고, 오랫동안 둔촌주공아파트에게 하고 싶었던 이야기를 메시지에 꾹꾹 눌러 담아 나에게 보냈다. 그렇게 아련한 속마음을 전해오는 이들에게 최대한 다정하게 대해드리고 싶었다. 둔촌주공아파트가 나에게 다정한 은신처가 되어주었 듯이, 나를 둔촌주공아파트라고 생각하는 듯한 이들의 환상을 깨고 싶지 않았다. 나도 둔촌주공아파트에 빙의해서 내 안의 다정함을 최대한 끌어올려 위로의 말을 전하며 따뜻한 작별 인사를 대신 전했다.

내가 '천운'이라 느낄 정도로 많은 이들과 자연스레 연결되고 서로 많은 도움과 위로를 주고받을 수 있었던 것도, 내가 그렇게 정성껏 사람들을 대할 수 있었던 것도 다 둔촌주공아파트가 오랫동안 쌓아온 인덕 덕분이었다. 둔촌주공아파트에 고마운 마음을 품은 이들이 서로를 도왔다. <안녕,둔촌주공아파트>를 꾸려가는 동안에 내가 한 일은 그저 중심에서 열심히 깃발을 흔드는 일이었다. 둔촌주공아파트의 시간이 얼마 남지 않았다고, 마지막을 함께 하자는 이야기를 외치면서. 그걸 보고 나만큼이나 둔촌에 진심인 사람들이 하나둘 모여들었고, 필요한

도움을 툭 건네고 홀연히 사라지는 '천사' 같은 이들도 많았다. 사진
천사, 드론 천사, 도면 천사, 현수막 천사 등등 많은 은인의 도움을
받았다. 그분들은 자신도 둔촌주공아파트를 위해서 마지막으로 뭐라도
하고 싶었는데 이번 기회에 할 수 있게 되어 기쁘다고 말씀하셨다. 지난
수십 년간 둔촌주공아파트가 사람들과 맺어온 다정하고 깊은 관계가
<안녕,둔촌주공아파트>를 계기로 바깥으로 드러나 보이게 된
것이었다.

감각과 추억

프로젝트를 시작하고 자연스레 둔촌주공아파트에 오게 되는
일이 더 잦아졌다. 그런데 둔촌주공아파트에 아무리 자주 와도 이제는
이곳에 내가 자연스럽게 들어가고 머물 수 있는 공간이 없었다. 내가
너무 좋아하는 곳인데 여전히 내 것은 아닌 기분이 드는 게 속상했다.
아주 아주 작아도 좋으니 내가 들어가서 머물 수 있는 내 공간이 있으면
좋겠다고 기도하게 되었다.

월세로 나와 있던 작은 집과 가게를 둘러보다가 운명처럼
둔촌종합상가 3층, 복도 제일 끝에 있던 4.5평짜리 작은 공간을 만났다.
불투명한 나무 문이라 밖에서 봤을 땐 실내가 어떤 느낌일지 전혀 알
수 없었다. 문을 열자마자 천장까지 높이 이어지는 긴 창문으로 환하게
빛이 들어오고 있었다. 이곳이 바로 내 공간이라는 느낌을 받았다.

바로 계약했고, 그해 여름휴가는 그 공간을 셀프 인테리어 하는 데 다 써버렸다.

둔촌(遁村)의 한자 뜻을 활용해 '마을에숨어'라는 이름도 지었다. 굳이 어디 멀리 가지 말고 가까운 우리 마을에 숨어서 해보고 싶은 재미있는 걸 함께 해보자는 의미였다. 그 이면에는 둔촌주공아파트를 기록하고 기리는 활동도 겸한다는 전제가 있었다. 드로잉 수업을 열어 둔촌주공아파트의 풍경을 그리기 위한 기본기를 함께 연마하였다. 수업에서 만난 이들과 드로잉 모임도 이어갔다. 기타 연주를 배우는 수업도 있었다. 나중에 고향이 그리워질 때 기타를 치며 노래 한 소절 부를 수 있으면 좋겠다 싶어서 kings of convenience의 Homesick 을 배웠다. 그곳을 끝까지 완주할 수 있는 이는 전체 수강자를 통틀어 딱 두 명이었지만, 그래도 우리에게 딱 맞는 곡을 만난 듯했다. 그렇게 마을에숨어는 동네 사람들이 모이는 사랑방이자, 둔촌주공아파트를 기록하는 이들을 위한 베이스캠프가 되어주었다.

같은 해 겨울에는 결국 집도 둔촌주공아파트로 이사했다. 마을에숨어 공간을 구할 때처럼 몇 군데 둘러보지도 않았는데, 대문을 열자마자 남향 베란다 가득 내리쬐던 풍성한 햇살과 살랑이던 맞바람에 반해 그날 바로 계약서를 쓰고 이삿날을 잡았다. 둔촌주공아파트로 거처를 옮기고 작업실도 구하고 나니 비로소 내가 있어야 할 곳으로 돌아온 기분이었다.

|

　사실 그 시점에 나는 건강이 많이 안 좋았다. 회사에 병가 휴가를 내고 집에서 쉬어야 했다. 마침 그런 상황에 내가 가장 마음 편안히 쉴 수 있는 곳에 돌아온 것은 정말 다행이었다. 한동안은 집을 거의 벗어나지 않고 시간을 보냈다. 겨울이라 날이 짧기도 했지만, 요양원과 같이 지내는 하루는 더 금세 지나갔다. 하루의 시간 대부분을 잠을 자는데 보냈다. 잠시 눈을 떠서 밥을 지어 먹고 다시 잠에 빠졌다 일어났다. 잠시 잠에서 깨어났을 때, 나는 방의 벽지 무늬와 집에서 바라보이던 동네의 풍경, 벽을 타고 전해지는 다른 집 누군가의 소리나 복도의 냄새 같은 것들을 인지하고 느끼며 시간을 보냈다. 마치 어린 시절로 돌아간 듯했다.

　그런 시간을 한참 보내고 나서야 나는 기운을 차렸다. 어느 날, 잠에서 깨어나는데 눈을 뜨기도 전부터 귓가에 작은 새들의 노랫소리가 들렸다. 눈을 감고 그 재잘거림을 한동안 들으며 누워 있었다. 햇볕도 한결 따듯해진 게 느껴졌다. 봄이 왔구나. 내 몸의 감각들도 모두 되살아난 느낌이 들었다. 나는 그저 잠시 겨울잠을 잤던 건지도 모른다. 다시 정신이 맑아졌고, 이제는 조금씩 집을 벗어나 단지 안을 돌아다닐 수 있게 되었다. 그 시절에는 내가 살아가는 시공간의 모든 경험이 <안녕,둔촌주공아파트>를 위한 것만 같았다.

　집에서 작업실까지는 걸어서 7분 거리였다. 그 짧은 길에도 계절마다 달리 피어나는 예쁜 꽃을 보며 감탄하는 호사를 누릴 수

있었다. 어쩌다가 옆집 이웃이나 부동산 사장님처럼 아는 이들을
만나면 반가운 짧은 안부 인사를 주고받기도 했다. 아침부터 부지런
떨어 조금 일찍 나온 날에는 학교 가는 아이들과 마주쳤다. 가끔 꿈에도
나오는 안개가 살짝 긴 등굣길을 따라 걸어가는 어린아이들의 모습을
바라보며 어릴 적 학교 가던 길의 기분을 느낄 수 있었다. 동네에서
나의 과거 같은 꼬마들과 나의 미래 같은 할머니들을 마주치면서 내가
지금 지나고 있는 인생의 지점이 어디쯤인지 생각해 보기도 했다.

널찍하게 떨어져 있는 아파트 동 사이로 넓게 펼쳐지는 하늘,
크게 복잡하거나 시끄러울 게 없는 한적한 분위기에서 느긋한 속도로
살아가는 편안한 하루. 오랜 시간이 지나면서 조금 낡아버리긴 했지만,
그만큼 무성해진 아름다운 나무들이 나이 든 주름을 가려주고 있었다.
나무 그늘 밑으로 슬렁슬렁 걸어 다니면서 계절마다 다른 꽃이
피어나는 걸 찾아다니고, 반짝거리며 흔들리는 나뭇잎의 아름다움에
감탄하기도 하고, 쫑알거리는 참새떼나 늘어져 있는 고양이를 보다
보면 지루할 틈이 없었다. 어릴 적 좋아했던 동네의 모습은 여전히
그대로 실재하고 있었고, 여전히 아름다웠다. 동네를 돌아다닐 때면 늘
즐거웠던 감정도 여전했다. 그 아름다움과 즐거운 감정을 다 담아내지
못하는 것이 아쉬울 뿐이었다.

그동안 오래된 아파트를 사랑한다는 나의 이야기를 그저 한껏
미화된 '추억팔이'로 여기는 이들도 많았다. 어린 시절의 기억은
추억으로 미화되기 마련이라고 이야기하는 이들이 많았다. 심지어
나에게 '팔릴 이야기'를 '잘 물었다'라고 축하해 주는 이도 있었다. 그런

이야기를 들을 때면 불쾌하면서도 한편으로는 불안했다. 분명 아니라고 믿었지만, 정말 혹시라도 내 기억이 나도 모르는 사이에 미화한 거면 어떡하나 걱정되기도 했다. 하지만 다시 돌아와 살면서 그런 불안을 완전히 떨칠 수 있었다. 다시 둔촌주공아파트를 구석구석 생생하게 느끼게 되면서, '그게 아니더라'라는 이야기를 당당히 할 수 있게 되었다. 내가 좋아한 둔촌주공아파트는 그곳에 그대로 있었다.

우리가 집을 기록하는 방식

누군가의 집을 구경하길 좋아한다. 평소 잘 안다고 생각한 사람도 집에 가보면 모르던 면을 새로이 발견하게 되곤 한다. 전혀 모르는 이도 집을 보면 그 사람의 삶을 대략 상상해 볼 수 있다. 영화에서 등장인물이 어떤 사람인지 짐작할 수 있게 그의 집을 훑어보는 장면을 넣는 것도 그런 이유일 거다. 둔촌주공아파트로 돌아와 거실 창밖으로 보이는 수많은 불빛을 바라보며, 멀리서 들려오는 일상의 소리를 들으며 수많은 창문 안에는 어떤 이들의 삶이 담겨있을지 상상하곤 했다.

어린아이들의 웃고 우는 소리에 어릴 적 우리 가족의 모습을 떠올리기도 했다. 이따금 저녁에 들려오던 리코더 소리를 들으며 선곡 레파토리가 주로 70~80년대 유행하던 가요나 팝송인 걸로 봐서 아마

조금 나이가 있는 누군가의 취미생활일 거라고 짐작해 보곤 했다. 그
서정적인 리코더 소리를 들으며 이렇게 배곡하게 빛나고 있는 무수한
삶의 조각들이 곧 모두 흩어져 사라져 버릴 일을 생각하곤 했다.

　　프로젝트를 시작할 때, 이곳에 사는 사람들의 집을 기록하는 작업이
빠질 수는 없다고 생각했다. 이 큰 단지에서 가장 기본이 되고 가장
많은 게 바로 집이 아니던가. 다만 누군가가 자신의 집을 보여주고 삶의
이야기를 들려주는 건 사실 쉽지 않은 결정인 만큼, 허투루 기록할 수
없었다. 집을 보여주신 것에 대한 예의를 지키고 감사의 마음을 전하고
싶었기에 최대한 잘 기록하고 싶었다. 그리고 그렇게 남긴 기록들이
나중에 시간이 지나 다시 보았을 때도 어떤 울림과 의미가 있었으면
싶었다. 이런저런 생각은 많았지만, 어떻게 해야 좋을지 막막했다.
그런데 때마침 라야 씨에게 연락이 왔다.

　　라야 씨는 예전에 독립출판 서점 '유어마인드'에서 일했던 분으로만
알고 있었다. 라야 씨도 나를 <안녕,둔촌주공아파트> 프로젝트를
하는 사람 정도로만 알고 있었다. 서로 직접 만난 적은 아마 없었던 것
같고, 정산이나 입고 관련 연락만 주고받은, 사실 잘 모르는 사이였다.
그런데 메일을 보니 라야 씨는 영상을 만드는 작가이기도 했다. 심지어
예전에 SNS에서 보고 너무 좋다고 생각했던 한강 다리에서 촬영한
영상을 만든 분이기도 했다. 라야 씨는 최근에 누군가의 집에 찾아가
공간을 기록하는 '가정방문'이라는 프로젝트를 시작했다면서 혹시
지금 내가 사는 둔촌주공아파트 집을 촬영할 수 없겠냐고 물어보셨다.
그리고 작업 방식과 결과물은 샘플 영상을 참고해달라며 링크를 같이

보내주었다.

영상을 틀자 어두운 공간에서 가만히 한 곳을 응시하는 장면이
한동안 계속되었다. 시간이 지나면서 조금씩 주변의 형체가 또렷하게
보이기 시작했다. 과학 시간에 배웠던 '암적응'을 영상으로 만나게 될
줄이야. 고요한 공간의 적막함을 뚫고 창밖의 소음이 간간이 들려왔다.
처음 보는 낯선 공간에 남몰래 들어와 눈이 어둠에 적응하길 숨죽이며
기다리는 듯한 기분이었다. 이거다! 둔촌주공아파트를 이렇게 기록해
두면 나중에 그곳으로 돌아간 것 같은 기분을 느낄 수 있겠구나!

라야 씨께 바로 메일을 드렸다. 영상이 너무 좋다고, 멋진
프로젝트에 초대해 주셔서 감사하다고, 마침 이번 추석에 짧게 여행을
가니 집에 며칠 머무시면서 마음껏 찍으셔도 좋다고. 그리고 괜찮다면
둔촌주공아파트의 집을 기록하는 프로젝트를 같이 해보면 어떻겠냐는
제안도 함께 드렸다. 서로 잘 모르는 사이에 너무 들이댄 건 아닐지
걱정하고 있었는데, 라야 님도 내 제안을 흔쾌히 수락해주었다. 정말
기뻤다. 내가 라야 씨를 낚다니! 나중에서야 알았는데, 라야 씨는 나를
낚으면 혹시 둔촌주공아파트를 다 기록해볼 수도 있지 않을까 기대하며
메일을 보낸 거였다고 한다. 알고 보니 라야 씨가 나를 낚은 거였다.
어쨌든 서로가 서로를 낚았다고 기뻐하며 함께 프로젝트를 진행하기
위한 사전 미팅을 하기로 했다.

석촌호수 옆 스타벅스에서 만난 날, 날씨가 너무 좋았다. 우리는
나가서 걸으면서 얘기를 나누기로 했다. 석촌호수 산책로를 따라
걷다가 평화의 문까지 걸어와서 올림픽공원 안도 한 바퀴 걸으며 많은

이야기를 나눴다. 참 우리다운 회의 방식이었다. (라야 씨는 『산책론』
이라는 책도 펴낸 이가 아니던가!) 각자 작업하고 있던 프로젝트
이야기도 나누고, 같이 걸으며 보게 되는 도시의 풍경과 이를 기록하는
일에 대한 이런저런 생각을 나눴다. 그러면서 자연스럽게 이번 작업은
어떤 점이 중요할지, 어떻게 진행하면 좋을지도 논의했다.

　　일단 내가 사는 집의 촬영은 이번 추석 연휴에 바로 진행하기로
했지만, 둘 다 추위를 많이 탄다는 이유로 나머지 작업은 서두르지
않기로 했다. 일단 각자 겨울을 잘 보내고 2016년 5월에 다시 만나
본격적인 작업을 진행하기로 했다. 그리고 올림픽공원역 쪽에 있는
제일제면소에서 저녁을 먹으며 다짐했다. 작업을 진행하는 중간중간
작은 성취를 열심히 자축하며 끝까지 달려보자고. 그리고 이 모든 걸 다
끝냈을 내년 겨울쯤에 다시 이곳에 와서 회전 초밥을 끝도 없이 높이
쌓아 먹으며 또 한 번 우리의 성취를 자축하자며 다짐했었다.

　　이렇게 적고 보니 우리의 논의가 막힘없이 착착 진행되었을
것 같지만, 사실 그 당시 우리는 건축이라는 영역에서 '비전문가'로
분류되는 우리가 무언가 이야기를 꺼내는 것에 대한 두려움이 조금
있었다. 지금도 크게 다르지 않은 것 같지만, 건축은 전문가가 따로 있는
영역이라는 인식이 강하고, 주로 그들에게 발언권과 기회가 주어지는
세계다. 나중에 대학원에 들어가 건축학을 공부할 때도 여전히 학부
전공이 무엇인지, 출신 학교가 어딘지, 설계 경험이 있는지 등으로
촘촘하게 급이 나뉘곤 했다. 마치 진골, 성골, 육두품처럼 벗어나지
못하는 계급이 있는 것 같다는 이야기를 농담처럼 주고받기도 했다.

그런데 건축 전문가도 아니고, 건축 사진 전문가도 아닌 우리 둘이 무언가를 하려고 하고 있었으니, 이래도 되는 건가 싶은 마음이 들기도 했다. 우리가 계속 '자축'에 집착한 것도 스스로 용기가 더 필요했기 때문이었다.

게다가 라야 씨의 영상과 사진이 SNS에서 조금씩 알려지자 가끔 일방적인 공격에 가까운 이상한 피드백을 던지는 이들도 있었다. 물론 라야 씨의 작업을 좋아한 이들이 훨씬 많았지만, 종종 '카메라 워크도 없고, 사진처럼 지루한 영상'이라고 함부로 폄훼하는 이들도 있었다. 그가 언급한 바로 그 지점 때문에 그 공간에 실제로 들어가 있는 듯한 느낌을 줄 수 있는 거였는데, 그 멋진 영상을 보면서 저런 리뷰를 남기는 걸 보면 정말 뭘 모르고 하는 이야기구나 싶었다. 좀처럼 동의할 수 없는 지적이었지만, 자신의 관점이 절대 진리인 마냥 하도 당당하게 이야기해 놓아서 신경 쓰이게 만드는 게 문제였다. 라야 씨의 작업에 반해서 같이 작업하게 된 것만으로도 기뻐하고 있던 나도 함께 공격받는 기분이었다. 나의 안목이 잘 못 되었나? 우리가 잘못 생각하고 있는 건가? 하지만 이런 생각을 곱씹을수록 오히려 우리가 하려는 것이 무엇인지, 우리의 관점은 무엇인지 더 명확하고 구체적으로 정리되는 것 같았다. 지나고 보니 그런 괜한 잡음은 오히려 작업에 대해 서로 더 많은 이야기를 나눌 좋은 기회이자 자극이 된 것 같다.

우리가 하려는 기록은 둔촌주공아파트의 살아있는 삶의 순간을 담아두려는 것이었다. 재건축으로 사라지게 될 곳이었지만, 그 사라짐에 주목하기보다는 살아있는 순간을 담아두는 것에 집중하고

싶었다. 그리고 나는 그런 작업을 가장 잘할 수 있는 이가 라야 씨라고
생각했다. 건축 사진을 전문적으로 찍는 작가들이 남기는 건축 사진이
건축물의 '증명사진'이라면 라야 씨의 작업은 일상의 찰나를 잡아내는
'스냅사진' 같았다. 자연스러운 표정과 그날의 분위기가 그대로 담기는
그런 사진 말이다. 내가 좋아한 둔촌주공아파트의 사랑스러운 순간들을
가장 잘 포착해 주리라 믿었다. 그렇다고 라야 씨가 대상을 미화하는
것은 아니었다. 그저 눈에 띄는 빛나는 순간과 장면들을 포착하여
차곡차곡 담아둘 뿐이었다.

함께하는 이 작업에서 나의 역할은 '사람을 끌어들이는 것'이었다.
라야 씨가 그동안 해왔던 작업에는 사람이 아예 나오지 않거나,
아주아주 작은 존재로만 등장한다. 그에 비해 '안녕,둔촌X가정방문'
에서는 사람들의 인터뷰 목소리로 이야기가 자연스럽게 더해진다.
그 지점이 내가 함께해서 달라질 수 있던 부분이었다. 프로젝트에
참여할 이를 섭외하는 것도 나의 몫이었다. 우리가 무려 열두 집을 직접
방문하여 그동안 살아온 속 깊은 이야기도 꺼내어 듣고 집 안 구석구석
촬영하고 온 것을 다들 참 신기해하신다. 어떻게 진행했냐는 질문도
자주 받아보았다. 그런데 정말 신기한 건 당시에는 기록할 집을 못 구할
거라는 생각을 거의 하지 않아서 두려움이 생각보다 크지 않았다. 지금
생각해 보면 무슨 대단한 믿음이었는지 모르겠지만, 둔촌주공아파트를
좋아하는 사람이라면 자신의 집을 기록해 드리는 이 프로젝트에
분명 참여하고 싶을 거라는 믿음이 있었다. 그저 우리가 이런 작업을
한다는 걸 몰라서 신청 못 하면 안 된다는 걱정만 있었다. SNS에도

소식을 올리고, A4 크기의 작은 포스터를 만들어 아파트 출입구와
엘리베이터의 게시판에도 부착하면서 단지 곳곳에 알렸다.

어떤 집을 얼마나 많이 만나게 될지는 그저 운에 맡길 뿐이었다.
전혀 예측할 수 없었다. 그런데도 책에 실린 것처럼 다 다른
사연들이 모이게 되었다. 다만 중고등학생 남자아이를 키우는 집은
둔촌주공아파트의 특징적인 유형이라 꼭 다루고 싶었는데 안 구해져서
그 조건의 집만 따로 특정하여 지인을 통해 섭외한 것이었다.

집의 이야기는 자연스레 그 안에서 사는 이의 삶의 이야기로
이어지기 마련이다. 비슷한 동네에서 비슷하게 살아가는 이들이니
들려주는 이야기가 혹시라도 비슷할까 봐 걱정했지만, 그건 정말이지
기우였다. 인터뷰한 이들의 나이대도 다양했고, 둔촌주공아파트와
인연을 맺게 된 사연도, 지금 그곳에서 살아가고 있는 모습도 다 달랐다.

우선 공통의 사전 질문을 미리 전달해 드렸다. 인터뷰 당일에는
자연스럽게 하고 싶은 이야기를 최대한 다 하실 수 있도록 시간 제약
없이 진행했다. 한 번에 두 시간 넘게 쭉 이야기를 나누게 된 적도
있었다. 아파트 초기부터 자리를 잡고 이 동네에서 자녀를 다 키운
분과 다른 동네에서 살다가 아이가 성인이 된 후에 이곳으로 이사한
분이 느끼는 동네의 분위기는 달랐다. 온 가족이 함께 살다가 부모만
사는 집, 성인이 된 자녀 혼자 사는 집, 부모님과 함께 살던 집에서
자녀가 새로운 가족을 꾸려 아이를 키우는 집도 있었다. 바로 옆집에
친정어머니의 집을 구해 나란히 모여 사는 집, 이제 막 두 달 된
신혼집도 만났다. 지난 수십 년 동안 여러 차례 손 보며 제각각 다른

색의 유리가 끼워진, 오래된 아파트 베란다 창문들처럼 그 안의 삶도 각자의 궤적에 따라 다른 색으로 빛나고 있었다. 한 집을 들어갔다 나올 때마다 마치 인생극장을 한 편씩 본 듯한 기분이었다.

인터뷰와 촬영을 모두 마치고 라야 씨와 나는 앞으로 각자 나눠서 작업해야 할 일이 산더미 같았지만, 지난 2주 동안 빡빡한 일정을 모두 소화해 낸 우리의 성실함이 너무 대단했다고 유난을 떨며 우리의 작은 성취를 자축했다. 그렇게 스스로 용기를 북돋아 주고 뻔뻔함을 충전했다. 그해 10월에 내가 작업한 책이 먼저 나왔고, 그다음 해 겨울이 끝나갈 무렵, 라야 씨의 영상이 다큐멘터리 영화로 엮어져 나왔다. 우리의 프로젝트를 응원해 준 텀블벅 후원자들께 책을 보내고, 영화 시사회를 열며 감사의 인사를 드렸다. 덩달아 우리의 소소한 자축 파티와 긴 산책도 이어졌다.

|

2017년 6월부터 주민들의 공식 이주 기간이 시작되었다. 너무 번잡해지기 전에 봄부터 이사를 서두르는 이도 있었다. 지나고 보니 우리가 기록한 2016년은 둔촌주공아파트의 평온한 일상이 온전히 남아있던 마지막 순간이었다. 2018년 10월에 <집의 시간들>이 정식 개봉했을 때, 우리는 처음 약속했던 제일제면소에 기념 삼아갔지만, 굳이 회전 초밥을 높이 쌓지 않아도 될 정도로 이미 마음은 충만했다.

그렇게 라야 감독이 만들어 낸 다큐멘터리 영화 <집의 시간들>은

<안녕,둔촌주공아파트> 프로젝트를 통틀어서 개인적으로 가장 좋아하는 작업이다. 지금까지 이 영화를 가장 많이 본 사람도, 보면서 가장 많이 운 사람도 아마 나일 거다. <집의 시간들>은 영화관에서 보는 게 정말 좋다. 영화관의 불이 모두 꺼지고 화면에 아무것도 뜨지 않은 상태에서 먼저 둔촌주공아파트의 동네 소리가 들려올 때, 그 소리만 들어도 한순간에 둔촌주공아파트로 돌아간 기분을 느낄 수 있다. 내가 가장 좋아하는 순간이다. 이 영화는 아마 지금보다도 한 30년 후쯤에 더 많이 찾아보게 될 거다. 주공아파트에 살았던 많은 이들이 나이가 들어 고향이 그리울 때마다 그곳으로 돌아가기 위해 탑승하는 타임머신이 될 거다. 이렇게 멋진 노후 대비가 또 있을까?

배곡한 일정을 열심히 소화했던 2016년 이후로 매년 5월이면 시원한 오미자차를 챙겨 마시는 습관이 생겼다. 찾아뵙는 댁에 어머님이 계시면 신기하게도 한결같이 우리에게 시원한 오미자차를 내어주셨던 기억 때문이다. 유리잔에 시원한 얼음과 함께 담겨있던 청량한 붉은빛 음료가 어찌나 상큼했던지, 피곤과 갈증이 깔끔하게 사라지는 듯했다. 지금도 그 상큼한 맛을 찾아 즐길 때면, 수년 전 우리를 집 안으로 들여보내 주신 분들을 떠올리며 샘솟는 감사한 마음으로 그분들의 평안과 건강을 위해 짧게 기도한다. 라야 씨와 내가 하나씩 작은 성취를 이어가며 끝까지 해낼 수 있었던 것은 다 그분들 덕분이었다.

고향 II

고향이라는 몽글한 마음을 담은 단어가 재건축 사업에까지 영향을
미치기도 한다. 한번은 강동구청 홍보팀에서 만든 '안녕,둔촌주공
아파트'라는 제목의 영상을 재건축 조합 총회 때 상영한 일이 있었다.
강동구청 홍보팀에서 동네 소개 영상을 만들던 중에 '둔촌1동' 편
제작을 도와달라고 부탁해 와서 함께 만들었던 영상이었다. 영상에는
나를 비롯하여 이 동네를 고향으로 여기는 젊은이들이 나와서
동네에서의 추억과 마지막 이별을 준비하는 마음을 이야기했다. 그
영상이 조합 총회에서 상영된 후로 동네에서 나를 알아보는 어르신들이
늘었다. 다들 영상을 보면서 뭉클했다고, 심지어 상영이 끝난 뒤엔 잠시
정적이 흐르며 총회 분위기가 묵직하게 가라앉았었다고도 했다.

하루라도 빨리 재건축해야 한다는 마음으로 모여있던 분들마저도

'고향'이라는 이야기를 이렇게 다들 뭉클하게 여기실 줄은 몰랐다. 나로서도 신기한 발견이었다. 사실 나는 프로젝트를 시작할 때만 해도 재건축을 추진하는 이들을 원망하는 마음을 품고 있었다. 이렇게나 좋은 곳을 왜 없애려 하는 걸까? 지나고 보니 어쩌면 그렇게 딱 잘라서 생각할 수 있는 게 아닐 수도 있을 것 같았다. 나는 이곳을 너무 사랑해서 사라짐을 슬퍼하며 기록하고 있지만, 어쩌면 이들도 이곳을 너무 사랑해서 재건축을 추진하는 것일지도 모르겠다. 거주자와 소유자의 사랑 방식이 아무래도 조금 다른 것인가 싶었다.

당시 재건축 조합 집행부는 새로운 단지 설계안을 동네에 얽힌 추억들을 살리는 방향으로 다듬었다. 동네의 상징이었던 '기린 미끄럼틀'을 조각상으로 복원하고, 옛 정취를 추억할 수 있는 수목들로 조경을 꾸미는 등 우리 프로젝트에서 이야기했던 내용들이 다수 포함되었다. 그런 설계안을 조합원들에게 설득하기 위해 그 영상을 조합 총회에서 튼 것이었다.

조합 집행부에서 그렇게 흔치 않은 아름다운 변화를 만들기 위해 애쓴 것은 사실 당시 서울시에서 추진하던 일명 '한 동 남기기' 사업을 우회하여 피해 가기 위한 묘책에 가까웠다. 원래는 한국 주거 역사에서 중요한 건축 유형이나 시민들에게 의미 있는 기억 유산을 보존하며 재건축을 추진하자는 취지로 시작된 사업이었다. 반포주공아파트 1단지의 복층형 주동을 보존하자고 제안한 것이 첫 시작이었다고 들었다. 그런데 어떤 연유인지 재건축이 진행되는 단지마다 일괄적으로 오래된 건물을 한 동씩 일단 남기고 보는 방식으로 추진되면서

'한 동 남기기' 사업이라는 오명으로 불리게 된 것이었다. 그에 해당하는
단지의 조합원들은 그런 흉물을 새로 짓는 "명품 아파트"에 남길 수
없다며 반발했다. 그런데 둔촌주공아파트에서는 사업의 본래 취지에
맞게 주민들이 소중하게 여기던 기억 자산을 재건축 이후에도 재건하는
방향으로 구체적인 설계안까지 제안하였으니, 심의는 무사통과였다.

　　물론 재건축 조합에서 그런 계획을 구현하려는 의지가 정말로
있던 것인지는 알 수 없었다. 그저 논란이 되던 '한 동 남기기'만 피하면
그만이라면서, 그 과정에 <안녕,둔촌주공아파트> 프로젝트가 나름
'쓸모' 있으리라는 이야기를 뒤에서 하는 이도 있었다. 그 사실을 몰랐던
건 아니었다. 하지만 재건축으로 천지개벽 되는 와중에도 사람들이
소중하게 생각했던 기억을 지켜낼 수 있다는걸, 같은 자리에서 이어갈
수 있단 걸 보여주는 좋은 사례를 만들어 볼 기회라 생각했다. 그래봤자
아주 작은 상징 정도겠지만, 이곳이 오랫동안 많은 이들에게 사랑받아
온 터전이라는 일종의 증표가 될 수 있길 바랐다. 그걸 보고 재건축으로
이곳을 떠나야 했던 이들은 잠시나마 마음의 위로를 얻길, 그리고
다시 이곳에서 계속 살아갈 이들에게는 동네에 대한 애정과 자부심을
이어가는 상징이자 전통처럼 남아주길 바랐다.

　　하지만 재건축의 과정은 이후로도 한참 남아있었고, 그동안 무엇이
지켜질 수 있을지는 아무도 확답하지 않았기에 너무 큰 기대를 품지는
말아야지 되뇌었다. 한편으로는 끝내 아무것도 지켜지지 않는다고
해도, 이전에는 없던 새로운 시도가 반영된 단지 설계가 공식적인
심의를 통과하는 것만으로도 의미가 없긴 않았다. 시도라도 해 본

것과 아닌 것은 엄연히 다르니까. 그래도 결국 그것을 끝까지 지켜내는 것은 이 사업을 끌고 가는 조합원들의 몫이었다. 무지막지한 재건축 사업에서 그런 진정성을 기대해 볼 수 있을까?

그런데 그 '동네를 사랑하는 마음'이 사람을 모으는 구심점이 될 수 있다는 게, 역설적으로 재건축 조합의 내부 갈등이 극에 달한 상황에서 드러났다. 기존에 일을 진행하던 재건축 조합 집행부와 이들의 활동을 반대하는 비상대책위원회는 서로 자신들이 이 사업을 진정성 있게 잘 꾸려갈 수 있는 이들이라고 알리고 싶어 했다. 양측 모두 조합원들의 신뢰와 지지, 즉, 다시 말해 표를 얻어야 했기 때문이다. 이를 위해 자신들의 '동네를 사랑하는 마음'을 드러내는 방법으로 우리 프로젝트의 이미지를 사용하고 싶어 했다.

어느 날, 초등학교 동창에게서 연락이 왔다. 오랜만에 반갑게 근황을 나누다가 한참 뒤에서야 친구는 자신이 비상대책위원회 쪽에서 홍보 일을 돕고 있다고 밝혔다. 그러면서 <안녕,둔촌주공아파트> 프로젝트의 사진 이미지를 자신들의 홍보에 좀 활용할 수 없겠냐고 물었다. 우리가 사랑하는 이 동네를 재건축하는 일인데 정말로 잘 해내야 하지 않겠냐는 메시지로 동네에서 오래 산 조합원들의 마음을 모으고 싶다고 했다. 그런 마음으로 재건축을 진행하려는 건 한편으로는 다행스럽게 생각되지만, <안녕,둔촌주공아파트> 프로젝트는 재건축으로 동네가 사라지는 것을 애도하기 위해 시작한 일이었으니 그런 갈등 상황에서 한쪽을 위해 사용되지 않았으면 좋겠다며 거절했다. 친구도 내 마음을 이해한다며 통화를 마쳤다.

그런데 며칠 뒤, 재건축 조합에서 우리 프로젝트의 SNS에
올라온 이미지를 도용하여 게시글을 올렸다. 메시지의 내용도 친구가
이야기했던 것과 거의 같았다. SNS에는 날 선 댓글이 달렸다. 갑자기
내가 무슨 조합의 '프락치'라도 된 것처럼 욕을 먹었다. 조합원들끼리만
볼 수 있는 비대위 카페에도 "그렇게 안 봤는데 정말 실망이다."라는
식의 글들이 달리고 있었다. 내가 이미지 사용을 허락한 게 아니라
도용당한 것이라는 걸 알리고, 재건축 조합 쪽에 연락하여 게시물을
내리도록 하였다.

상황은 그저 지나가는 가벼운 에피소드처럼 일단락되었지만, 그런
갈등 상황에 잠시 휘말린 일은 씁쓸했다. 그래도 그 과정에서 이곳에
오래 산 조합원들은 이 동네를 사랑하는 마음을 실제로 갖고 있으며,
이런 마음이 '더 좋은 단지'를 만들겠다는 외침에 상당히 호소력을
더하는 단단한 근거가 된다는 점을 발견할 수 있어서 기뻤다. 그동안
내가 만난 조합원들 대부분은 이 동네를 사랑하고 있었다. 그리고
이곳이 재건축된 후에도 예전처럼 정말로 살기 좋은 곳이 되기를
바라는 마음을 품고 있었다. 한 동네를 '고향'이라 여기며 좋아하는
마음은 오직 오랜 시간만이 만들어 낼 수 있는 아우라 같은 것이다.
값으로 말할 수 없는 그런 귀한 가치와 진정성을 이어갈 수 있는 게
진짜 "명품 아파트"를 만드는 길 아닐까?

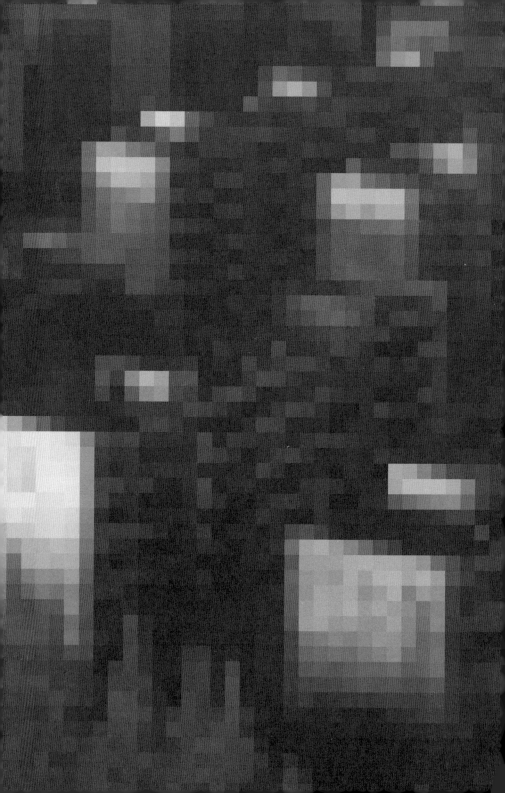

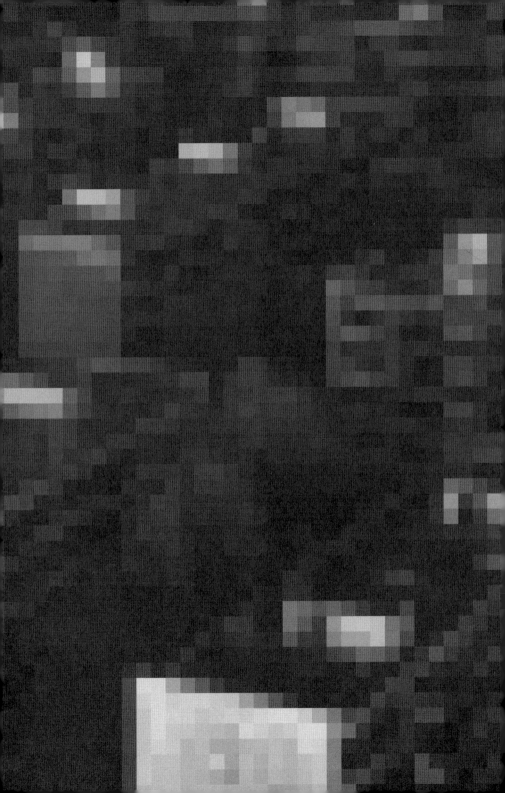

공간을 음악에 담아두는 방법

차를 타고 이동하며 라디오를 자주 듣는다. 대학원에서 집으로 돌아오는 길에 블락비의 박경 씨가 MBC <꿈꾸는 라디오>의 DJ를 맡던 시절, 이런 멘트로 시작하는 코너를 듣게 되었다.

"어떤 공간은 그곳에서 들었던 음악을 다시 흐르게 하고요.
어떤 노래는 그 음악을 들었던 장소를 다시 떠오르게 합니다.
시간이 흘러도 여전히 음악이 머무는 자리, 어쩌면 그곳에 그 자리엔
음악이 있는 지도…"

이건 나를 위한 코너였다. 당장 차를 세우고 사연을 보내고 싶은 지경이었다. 둔촌주공아파트에서 떠나오기 전 마지막 시간 동안 나는

그곳의 기억을 여러 방식으로 분산하여 저장해두는 데 열심이었다.
그중 하나가 음악이었다.

　사실 음악을 듣고 기억을 떠올리는 것은 너무 흔한 방식이긴 하다.
음악을 좋아한 지 오래된 사람은 음악에 얽힌 기억이 이미 넘치게
많을 수 있다. 나도 좀 그런 편이었다. 게다가 그런 기억 연동은 대단히
강렬한 인상을 받아야만 가능한 일이지 내가 의도해서 되는 일이
아니라는 생각도 갖고 있었다. 하지만 당시에 나는 절실했으므로 한번
실험을 해보기로 했다. 둔촌주공아파트에서 정말 좋아했던 순간과
특징을 음악에 연동하는데, 청각 외에 다른 감각을 추가하여 조금 더
단단하게 묶인 공감각적인 연결고리로 만들어 놓는 것이다. 과연 이게
가능할지 싶었지만, 다행히 성공적이었다. 이 방법으로 1년에 한 번씩은
내가 둔촌주공아파트에서 마지막으로 살았던 그 집으로 바로 갈 수
있는 문이 열린다.

|

　2014년 겨울부터 2017년 겨울까지 딱 3년을 살았던
둔촌주공아파트의 마지막 나의 집. 복도식 아파트 동쪽 맨 끝에 자리한
그 집은 여러모로 좋은 점이 많았다. 남쪽을 향하고 있던 베란다에
창문이 동쪽으로도 이어져 있어서 마치 동향집처럼 밝은 아침 햇살이
베란다에 쏟아졌다. 그 덕분에 햇살을 좋아하는 나와 고양이들은 오전
오후 할 거 없이 베란다에서 햇살을 즐기며 여유로운 시간을 보내곤

했다. 5층이라 너무 높지 않아서 고양이들이 화단을 오가는 새들과
주차장을 오가는 사람들 구경을 하기에도 좋았다. 베란다에서 저 멀리
맞은 편에 새하얀 타워형 건물의 북쪽 입면이 보였다. 살짝 돌출된 창문
턱의 그림자가 시간에 따라 달라지면서 건물의 표정과 인상도 따라
변하는 걸 지켜보곤 했다.

    복도에서 공용계단이 없는 쪽 끝 집이어서 집 앞으로 지나다니는
사람도 거의 없었다. 집을 보러 왔던 날, 나를 맞아준 아름다운 맞바람을
즐기고 싶어서 따로 돈을 들여 튼튼한 철망으로 된 '기린 방충 문'도
설치하였다. 재건축을 앞두고 있어서 앞으로 몇 년이나 더 살 수 있을지
알 수 없는 전셋집이었지만, 아깝지 않은 투자였다. 덕분에 삼한사온이
지나가는 한겨울에도 사나흘에 한 번씩은 잠깐이나마 현관문을 활짝
열고 집안 공기 전체를 환기하곤 했다. 라일락이 피어나는 봄이면
밤마다 현관문과 베란다 창문 양쪽에서 스며들어 와 온 집안을
가득 채우는 꽃향기에 취하곤 했다. 여름 소나기가 갑자기 쏟아지면
고양이들과 현관에 앉아 복도에 들이치는 빗줄기를 구경하며 공기 안에
텁텁한 흙먼지 냄새가 씻겨나가는 걸 느끼곤 했다.

    그렇게 아름다운 사계절을 두 번 보내고 다시 맞은 세 번째
여름엔 이미 재건축 진행을 위한 주민 이주가 시작되었다. 사람들은
하나둘 그곳을 떠나느라 분주했다. 6천 가구가 6개월 안에 모두 집을
비워야 했다. 단지가 거대했던 만큼, 이주 기간도 다른 단지에 비해 긴
편이었다. 하지만 단순히 산술적으로만 계산해 봐도 1개월에 1천 가구,
하루에 33가구가 이사해야 하는 거였다. 주변의 전세가가 폭등하면서

집 구하기가 점점 쉽지 않았고, 추운 겨울에 이사하느라 고생하고 싶지 않았던 이들이 많았기에 주민들의 이주는 여름과 가을에 몰아치듯 이루어졌다.

몇 달 동안 새벽잠을 설치게 만든 고통스러운 소음은 박스 테이프를 뜯는 소리였다. 이른 새벽부터 이삿짐을 담을 단프라 박스를 만들려고 박스 테이프를 내내 뜯는데, 나는 그 소리가 그렇게까지 크다는걸, 그렇게 쩌렁쩌렁하게 온 동네에 울려 퍼질 수 있단 사실을 그때 처음 알았다. 한동안 박스 테이프 뜯는 소리만 들어도 그 시절이 떠오를 정도였다. 사다리차는 아직 오지도 않은 이른 새벽이었지만, 동네는 이미 어수선해졌다. 내가 사랑하던 여름날의 고요한 새벽은 이미 사라지고 없었다. 컨테이너 트럭이 후진할 때마다 삑- 삑-거리는 예민한 소리가 귀를 찔렀다. 슬픈 단조의 '엘리제를 위하여' 멜로디가 배경음악으로 깔리기도 했다. 덜커덩- 덜커덩- 사다리차로 이삿짐 나르는 소리가 온 동네 곳곳에 시끄럽게 가득 찼지만, 그 시간쯤 되면 이미 소음에 초연해져 있었다. 오늘도 이제 거의 다 왔구나. 조금만 더 참자. 그나마 다행이었던 건 떠나가는 이들만 있던 동네라 오전만 한 바탕 정신없이 지나가면 오후엔 다시 한적한 일상으로 돌아갈 수 있었다는 거였다.

고통스러운 몇 달을 보내니 덜컥 9월이 되어버렸다. 여름 내내 끓던 더위도 9월 1일이 되면 어김없이 시원해진다. 가을의 예고편처럼 반짝 찾아오는 시원한 그 며칠을 사람들은 '처서 매직(magic)' 이라고도 부른다. 갑자기 바뀐 공기의 온습도가 둔촌주공아파트에서 지내는 마지막 여름이 끝났다고, 이제 이곳도 끝이 다가오고 있다고 이야기해 주는 것 같았다. 이미 적지 않은 이들이 동네를 떠난 후였다. 원래도 밤에는 조용한 동네였지만, 유난히 더 고요해진 적막함에 조금 쓸쓸하기도 했다. 그래서였을까. 그날따라 평소 좋아하던 '여름밤의 꿈'이라는 노래가 듣고 싶었다. 윤상이 만든 이 노래는 찌는 듯한 한여름의 더위 속에서 듣는다면 차마 못 버티고 녹아 사라져 버릴 듯 감미로운 곡이다. 그래서 '처서 매직'에 들어야 낭만적이었던 것만 같은 여름밤으로 되돌아가고픈 괜한 아쉬운 마음이 더 들 수 있다.

원곡자인 김현식의 곡부터 김건모, 윤상, 아이유가 부른 다른 버전까지 다양한 버전이 있는데, 그날의 분위기에 가장 어울리던 건 김건모의 목소리로 듣는 여름밤의 꿈이었다. 다른 악기 없이 오직 피아노와 김건모의 목소리로만 진행되는 이 버전은 풀벌레 소리만 들리던 고요한 그 밤의 공기와 자연스레 하나가 되었다. 유년 시절에 온 가족이 함께 따라 부르며 좋아했던 김건모의 목소리라 그 시절의 추억도 떠올라 더 좋았던 것 같다. 어렴풋이 떠오르던 가사를 흥얼거리며 듣다가 가사를 찾아 하나하나 음미하며 여러 번 이어 들었다.

여름밤의 꿈

조용한 밤하늘에 아름다운 별빛이
멀리 있는 창가에도 소리 없이 비추고
한낮의 기억들은 어디론가 사라져
꿈을 꾸듯 밤하늘만 바라보고 있어요

부드러운 노래 소리에 내 마음은 아이처럼
파란 추억의 바다로 뛰어가고 있네요
깊은 밤 아름다운 그 시간은
이렇게 찾아와 마음을 물들이고
영원한 여름밤의 꿈을 기억하고 있어요
다시 아침이 밝아와도 잊혀지지 않도록

문득 이 집에서 보내는 지금 순간이 언젠가 나중에 내가 다시
돌아가고 싶을 '여름밤의 꿈'이 되리라는 생각이 들었다. 내일 또다시
시끄러운 아침이 밝아오겠지만, 지금, 이 순간을 잊히지 않는 단단한
기억으로 만들고 싶었다. 이 집을, 이 공간을 조금 더 또렷하게 기억하고
싶었다. 그래서 공간을 음악에 담아두는 실험을 시작하였다. 그대로
거실 바닥에 조용히 누워 보았다. 매일 보던 것과 조금 다른 각도의
거실 풍경이 새롭고 신기했다. 눈을 감고 김건모가 부르는 '여름밤의
꿈'을 한 곡만 계속 이어 들었다. 딱 기분 좋게 느껴질 정도로 차갑게

식은 거실 바닥의 온도가 등과 팔, 발바닥에 전해졌다. 두툼한 장판이 깔린 바닥이 단단하게 등을 지지해 주었고, 때마침 시원한 바람도 불어와 이 순간을 조금 더 완벽하게 만들어 주고 있었다.

수년이 지난 지금도 무더위가 한풀 꺾인 9월 초가 되면 처서 매직의 시간에 창문을 열어놓고 '여름밤의 꿈'을 듣는다. 그날처럼 차갑게 식은 거실 바닥에 누워 그 촉감을 느끼며 눈을 감고 '여름밤의 꿈'을 들으면 노랫말처럼 신기하게도 "부드러운 노래 소리에 내 마음은 아이처럼 파란 추억의 바다로 뛰어가고" "깊은 밤 아름다운 그 시간"이 다시 또렷하게 되살아나는 걸 느낄 수 있다. 이제 그곳은 완전히 사라져 다시 가볼 수 없게 되었지만, 일 년에 단 한 번만 꿀 수 있는 영원한 꿈의 게이트가 열리는 것이다.

그 시절의 나는 좋아하는 순간을 잊어버리기 싫은 절박한 마음에, 조금이라도 더 또렷하게 기억하고 싶어서 내가 동원할 수 있는 감각들을 총동원하여 그곳으로 돌아갈 수 있는 어떤 '마법의 주문'을 만들어 둔 듯하다. 음악 외에도 다양한 감각에 숨겨둔 자잘한 마법의 주문으로 계절마다 둔촌주공아파트를 소환할 수 있다. 라일락 향기를 맡을 때도, 짧게 잘린 잔디밭에서 나는 짙은 풀 향기를 맡을 때도, 콘크리트 그늘에 고여있던 시원한 공기를 느낄 때도, 노랗게 물드는 계수나무잎의 달콤한 향기를 맡을 때도 좋아했던 둔촌주공아파트의 조각들을 다시 만날 수 있다.

홍실 스튜디오

둔촌주공아파트에는 4개의 큰 상가가 있었다. 대로변에 붙어
있던 가장 큰 상가는 '둔촌종합상가'라 불렸지만, 그 외에 다른 상가의
이름이 나 상가, 다 상가, 라 상가였던 걸로 봐서 원래 계획으로는 가
상가였을 지도 모르겠다. 1990년대 초반까지만 해도 단지 안에는 이
4개의 상가를 순환하는 셔틀버스가 있었다. 그 정도로 단지는 컸고,
사람도 가게도 많았다.

어릴 적에 살았던 324동은 둔촌종합상가에 가까웠다. 엄마와 장을
보러 가거나, 좋아하던 서점이나 문구점처럼 자주 가던 가게들은 주로
둔촌종합상가에 있었다. 그에 비해 '라 상가'에 갈 일은 자주 없었다.
다른 상가들보다 유독 멀었고, 딱히 자주 가게 되는 가게도 없어서
심리적으로도 멀게 느껴졌다. 그런 라 상가에 몇 년에 한 번이라도 들린

건 홍실 스튜디오 때문이었다.

어릴 적부터 학생증을 만들 때면 매번 홍실 스튜디오에 갔다. 홍실 스튜디오에서 찍은 사진은 뒤집어 보면 바로 알 수 있었다. 조금 옛날 사진에는 '풀 대신 붙이세요. 홍실 스튜디오 483-3153. 477-7380'이라고 쓰여 있었다. 2000년대부터는 시대 변화를 반영하듯 홍실 스튜디오의 홈페이지 URL과 이메일 주소가 적혀있었다. 홍실 스튜디오에서 증명사진을 찍은 게 내 기억에는 초등학생 때부터였던 거 같은데, 그 사진 속 내가 어떤 모습이었는지도 기억이 나는데 실물을 찾을 수 없었다. 아쉽게도 고등학생 때 찍은 것부터만 남아있다.

대학교에 들어가서도 학생증에 넣을 사진을 찍으러 둔촌동에 왔었다. 둔촌종합상가 앞 버스정류장에 내려서 라 상가까지 가는 길은 한참 걸어가야 했지만, 굳이 그 먼 곳을 찾아오고 싶었다. 때로는 급하게 증명사진이 필요해서 가까운 곳에 가서 찍은 적도 있었지만, 입사지원서에 들어갈 사진처럼 중요한 사진을 찍어야겠다 싶으면 홍실 스튜디오가 생각났다. 내가 자라는 모습을 늘 사진으로 담아주신 곳. 특별히 더 예쁘게 나오는 것은 아니었지만, 이곳에서 사진을 찍으면 다 잘될 것만 같은 그런 든든한 기분이 들었다.

2014년에 둔촌주공아파트에 다시 돌아와서 산 곳은 307동이라 라 상가가 제일 가까웠다. 장을 보러 슈퍼마켓을 갈 때 정말 자주 왔었는데, 가까이 살아도 2층으로 올라가 볼 일은 잘 없었다. 역시나 운전 면허에 들어갈 사진을 찍으러 홍실 스튜디오에 갈 때 딱 한 번 올라가 봤을 뿐이었다. 시간이 흘러 재건축을 앞두면서 주민들은 점점 줄어들었고,

상가 안에 문을 닫는 가게도 하나둘 늘어나고 있었다. 홍실 스튜디오는
아직 있으려나, 안부가 궁금해졌다. 오랜만에 2층으로 올라가다가 외부
계단참 거울에 붙은 메시지를 보았다.

"둔촌 아파트 재건축으로 인하여
홍실 스튜디오는 12월31일 까지만 영업합니다.
그동안 30여년을 함께 해주셔서
대단히 고맙습니다......
감사 합니다."

고맙다는 인사 뒤에 이어진 6개의 점에서 사장님이 느끼는
아쉬움이 얼마나 큰지 보였다. 이주 기간이 그다음 해 1월 18일까지
였으니, 12월 31일까지 영업하신다는 건 거의 끝까지 버티시는 거였다.
중간에 끊지 않고 한 해의 마지막 날인 12월 31일까지 꽉 채워서
영업하시려는 건 또 어떤 마음이었을지…. 나도 둔촌주공아파트를
떠나기 전, 마지막으로 홍실 스튜디오에 가서 사진을 찍어두어야겠다는
생각이 들었다. 며칠 뒤 단정하게 차려입고 라 상가 2층으로 다시
향했다.

아주 오래전부터 다녀서 익숙하지만 늘 조금 긴장되는 가게 문을
들어섰다. 몇 년에 한 번, 그것도 아주 잠깐씩만 뵙던 분이라 '잘 아는
동네 아저씨'라고 말할 수는 없었지만, 언제나 푸근하게 반겨주시는
사장님이 오늘도 같은 자리에 계셨다. 증명사진 찍으러 왔다는 말에

거울 쪽을 가리키며 잠깐 준비하고 있으라 말씀해 주시고는 촬영
준비를 하셨다. 늘 비슷한 패턴이었다. '증명사진 찍으러 왔다'라는
말을 하는 게 그렇게나 쑥스러웠던, 오래전 처음 혼자 이곳에 왔던
어린 시절이 생각났다. 어떤 증명사진인지 종류와 크기도 모르고 와서
당황하니 "학생증에 쓸 거예요?"라고 물어봐 주시고는 알아서 뚝딱
만들어주셨다.

그로부터 20년이 흘렀는데 이곳은 변한 게 없는 것 같았다. 핑크빛
꽃과 금빛 구슬이 함께 장식된 화이트 클래식 스타일의 몰딩으로
만들어진 타원형 거울. 그 주변으로 외교부에서 만들어서 뿌린 여권
사진 규정이 크게 붙어 있고, 거울 아래 선반에는 아마도 물이 담겼을
스프레이가 걸려 있고, 크고 작은 빗이 정말 다양하게도 담겨있었다.
사장님이 앉으시는 자리에는 오랜 시간의 지층이 보였다. 선반의 가장
높은 곳에는 비디오테이프가 쭉 꽂혀 있었다. 매직으로 하나씩 라벨을
써놓은 흰색 테이프도 시간이 지나 누렇게 바래 있었다. 그 아래에는
CD가 쌓여있었다. 그리고 그 아래에 사장님의 책상이 놓여있었고,
그곳에는 디지털 파일들이 담겨있었다. 사장님과 가까워질수록 점점
더 최근의 자료임이 한눈에 보였다. 나중에 알았는데, 주민센터에서
공유해 준 '제2회 둔촌 축제'의 기록 영상도 홍실 스튜디오에서
촬영하셨던 것이었다. 아마 그 테이프의 원본도 사무실 책장 어딘가에
있지 않았을까.

사장님의 컴퓨터 안에 배곡하게 차 있던 수많은 폴더의 제목은
둔촌주공아파트 동호수였다. 어릴 적 살았던 '324동 701호'라고

적힌 폴더를 열어서 보여주셨다. 아쉽게도 내가 그 집에 살았던 때는 필름 사진 시절이라 그때 자료는 없었다. 하지만 디지털카메라로 바뀌고 나서부터는 모든 사진을 폴더 안에 보관하고 계셨다. 2000년대에 그 집에 이사 왔던 막내 이모네 사촌 동생의 유아체능단 시절의 증명사진이 있었다. 동호수로 구분되는 폴더 안에는 그 집에 같이 살았던 가족의 증명사진이 함께 담겨있게 된다. 중간에 이사를 떠났다면 그 후에 그 집으로 이사 온 모르는 이들의 사진과 같은 폴더에 함께 담겨있게 되는 신기한 구조였다. 6천 세대 가까이 되는 둔촌주공아파트의 집들이 사장님의 컴퓨터 안에 작은 폴더로 하나씩 만들어져 있고, 그 안에 살았던 이들이 순서대로 차곡차곡 쌓여있는 것 같았다. 이 많은 이들의 삶을 지켜보셨겠구나. 마음이 아득해지던 찰나, 사진을 찍으러 늘 앉던 자리에 앉았다.

언제나 그랬듯이 사장님은 오늘도 사진 찍기 전에 내 옷매무새와 머리카락을 살짝 손봐주고 얼굴 각도도 미세하게 바로 잡아주셨다. 그런 친절한 작은 손길이 마치 '괜찮아, 다 잘될 거야'라는 기도를 함께 해주시는 것처럼 느껴졌다. 사진을 찍고 나서 나도 모르게 감정이 복받쳐 눈물이 나버렸다. 사장님이 웃으시며 슬픈 날도 아닌데 왜 우냐고 물으셨다. 그러게요. 사진 찍는 게 슬픈 일도 아닌데 왜 울까요. 머쓱하게 웃으며 눈물을 닦았다.

사진관을 나와서도 울컥한 감정은 잘 가라앉지 않았다. 차를 타고 동네를 두어 바퀴 돌면서 좀 더 울고 나서야 겨우 감정이 차분해졌다. 생각해 보니 이 감정은 슬픔보다는 고마움에 가까웠다. 지난 수십 년

동안 나의 중요한 인생의 단계마다 함께 하며 작은 기도의 힘을
더해주신 분에 대한 감사의 눈물이었다. 그분의 잔잔한 정성과
다정한 응원 덕분에 새로운 환경으로 옮겨간 내가 그나마 잘 적응해
낼 수 있었던 게 아니었을까. 그날 찍은 사진으로 주민등록증을 새로
발급받았다. 주소에는 둔촌주공아파트에서 살던 마지막 집 주소를
적었다. 둔촌주공아파트를 떠나 새로운 곳에 가서도 잘 지낼 수 있을
거란 희망을 품고 싶었던 것 같다.

   홍실 스튜디오 사장님은 둔촌주공아파트를 떠나 다른 곳으로
옮겨가서 이 일을 이어가실 계획이 없으셨다. 마지막 영업일을 끝으로
수십 년을 이어온 직업과 공간이 함께 사라지는 것이었다. 사장님이
말씀하신 것처럼 그날이 슬픈 날은 아니었지만, 그런 감사한 손길과
마음을 이제는 다시 만날 수 없게 되는 것은 분명 슬픈 일이 맞는 것
같다.

떠나는 마음

나도 이사 날짜가 정해졌다. 2017년 12월 18일. 공식적인 주민
이주 기간이 2018년 1월 19일까지였으니 딱 한 달을 남겨두고 떠나는
거였다. 6개월간 진행된 이주 기간 중 거의 막바지였다. 이미 많은 집이
떠나고 없었다. 동네가 점점 비어가고 있다는 것은 주차장만 봐도 바로
눈치챌 수 있었다. 불과 몇 달 전만 해도 주차장 자리가 부족해서 이중
삼중으로 주차되어 있었는데 갈수록 주차장에 빈칸이 빠르게 늘어갔다.

처음 자전거를 배우던 30년 전 어느 날이 떠올랐다. 다라락-
거리는 보조 바퀴를 달고 다니는 건 아무래도 멋이 없었다. 어쩐지
속도가 안 나는 것도 이 보조 바퀴 때문인 것 같았다. 둔촌주공아파트
305동 앞 텅 빈 주차장에서 오빠의 자전거에 올라탔다. 자기가 잡고
있으니 걱정하지 말라던 오빠는 생각보다 훨씬 빨리 자전거를 잡고

있던 손을 놓았다. 그래도 다행히 흔들리지 않고 페달을 계속 밟으며
앞으로 나갔다. '오-! 이렇게 타는 거구나!' 감을 잡던 순간, 균형을 잃고
옆으로 대차게 미끄러지며 쓰러졌다. 괜찮냐고 소리 지르며 달려온
오빠와 동네 친구들에게 "어떻게 타는지 알았어!"라며 기쁨에 차서
대답했었다. 그렇게 단 한 번 넘어진 이후로 정말로 자전거를 탈 줄
알게 되었다.

　신기한 건 그때 자전거 타는 법을 배웠던 주차장이 어떻게
생겼는지 또렷하게 기억난다는 거다. 305동의 서쪽에 네모난 주차장이
하나 있고, 바로 옆 북쪽에 또 네모난 주차장이 하나 있었다. 그 둘
사이에는 304동 쪽으로 경사진 도로가 이어져 있었다. 자전거를 처음
타는 초보가 그 경사로를 내려가는 것은 위험한 일이었기에 그쪽으로
향하지 않도록 조심하면서 서쪽과 북쪽 주차장을 오가며 8자를 그리듯
자전거를 탔다. 어느 정도 자신감이 붙고, 드디어 그 내리막길을 내려가
보았다. 그 뒤로는 단지 안에 자전거로 못 가는 곳이 없었다.

　점점 비어가는 주차장을 보며 이제 자전거가 아니라 자동차를
운전해봐야겠다고 생각했다. 주차된 차들이 너무 많아서 그냥
걸어가기도 불편하던 시절에는 운전 연습은 엄두도 못 냈다. 서른 중반
넘어 뒤늦게 딴 면허를 써볼 생각조차 하지 못하고 있었다. 그런데
동네에 차가 줄어들면서 갈수록 운전학원 같아 보였다. 이곳에서
자동차 운전을 익히는 것도 좋은 추억이 될 것 같았다. 자전거를 처음
배울 때처럼 감각의 긴장도를 높이면 이 또한 둔촌주공아파트를 잘
기억하는 방법이 될 것 같기도 했다.

차를 타고 단지 안을 열심히 돌아다녔다. 일부러 창문을 열고
바람을 맞으며 돌기도 하고, 혼자 텅 빈 주차장에서 후면 주차,
평행주차를 몇 번이고 연습하기도 했다. 구불구불 복잡한 구간을
일부러 후진으로 가보기도 했다. 주민들이 떠나던 이주 기간부터
둔촌냥이 활동을 하며 조합의 허가를 받아 단지 안에 들어갈 수 있었던
2018년 말까지 1년 정도 텅 빈 단지 안을 차를 타고 수도 없이 돌았다.
그랬더니 신기하게도 정말로 그 감각이 지금까지 몸에 기억으로
남았다. 어딘가 지방의 한적한 도로에서 유유히 좌회전할 때면 라
상가 앞에서 둔촌 초등학교 쪽으로 좌회전하던 기억이 떠오른다. 살짝
내리막길인 데다가 309동 뒤편 넓은 잔디밭 덕분에 왼쪽 시야가 탁
트여서 마음 놓고 좌회전을 할 수 있어 좋았던 길이었다. 모두 잠든 것
같은 늦은 밤이나 새벽에 운전할 때도 둔촌주공아파트에서 운전하던
때가 떠오른다. 모두 다 떠나고 아무도 살지 않던 시절에는 해만 지면
초저녁도 없이 곧바로 인적이 드문 한밤중의 분위기가 되곤 했기에.

|

이주 기간이 시작되자마자 사람들이 물밀듯 빠져나가기 시작했다.
가을쯤 되니 창밖에 불이 켜지는 집도 눈에 띄게 줄어들었다. 같은 층에
살던 이웃들도 모두 떠나고 나 홀로 남았다. 복도 끝에 있던 내 집까지
가는 길에 빛을 비춰주던 이웃집 창문에 불이 켜지지 않게 되면서
이 동네에서 지내는 게 조금 무서워졌다. 2교대로 근무하시던 경비

아저씨도 두 동에 한 분씩 계시는 거로 줄어들었다. 그 대신에 동네에 CCTV가 설치되고 SECURITY라고 쓰인 검은 점퍼를 입고 다니는 이들이 생겨났다. 좋아하던 곳이 조금씩 낯설어지는 걸 보는 기분이 좋지 않았다.

　낮은 점점 짧아졌고, 밤은 길어졌다. 그리고 밤이 길어질수록 추위의 고통도 점점 크게 느껴졌다. '수능 한파'라고 불리는 추위가 불어닥치는 11월 중순쯤 되니 집에 있는데도 추웠다. 12월이 되니 너무 추워서 눈물이 날 지경이었다. 살면서 겪어본 가장 서러운 추위였다. 관리사무소 굴뚝에서 수증기가 올라오고 있었으니, 분명히 중앙난방이 돌아가고는 있었다. 심지어 우리 집은 개별난방 보일러가 설치되어 있어서 직접 난방을 조절할 수도 있었는데, 그런데도 아무리 보일러를 틀어도 집 안의 온도가 일정 수준 이상 더 올라가지 않았다. 벽과 바닥에서 냉기가 스며들어 왔다. 윗집과 아랫집, 옆집이 모두 떠나고 홀로 남은 우리 집은 그냥 허공에 혼자 떠 있는 거와 다를 게 없었다. 어쩌면 꽁꽁 언 얼음 사이에 껴있었던 것인지도 모른다. 특히 밤과 새벽에는 집안에서도 너무 추워서 이가 덜덜 부딪도록 몸이 떨렸다. 너무 추워서 씻는 게 두려웠다.

　마지막이 이렇게 힘들 줄은 알았지만, 그게 추위 때문일 줄은, 추위가 이렇게까지 힘들 줄은 몰랐다. 이웃들이 그리웠다. 윗집 아랫집은 얼굴도 모르는데, 그래도 그리웠다. 우리가 그저 등을 마주하고 모여 사는 것만으로도 서로의 온기를 지킬 수 있었다는 걸 실감했다. 밤이면 플리스를 두 겹 껴입고 안방에 들어가 이불을 덮고

작은 전기난로 앞에 있었다. 그래도 고양이들이 골골거리며 나에게
붙어 있어 주었다. 이렇게 추운 집에서 지내게 하는데도 고양이들이
나를 좋아해 줘서 정말 다행이었다. 우리 옥인동이 덕분에 버틴
겨울이었다. 암흑만 가득한 창밖으로 하나둘 남아있던 작은 불빛도
그나마 의지할 수 있는 등불 같은 위로였다. 당신은 어떤 사연으로
지금까지 남아있는 건지 모르겠지만, 그래도 같이 힘내보자고
마음속으로 기도했다.

|

　　이삿날이 되었다. 동네는 이미 너무 한산해서 이삿짐센터
트레일러를 대놓을 주차 자리를 미리 마련해 두는 수고를 들일 필요도
없었다. 고양이 세 마리 모두 케이지에 넣는데 1분도 채 걸리지 않았다.
짐을 빼고 나르는 데도 어려움이 없었다. 모든 것이 순조로웠다.
모두가 슬퍼하는 나를 걱정해 주는 건지, 온 세상이 나에게 마음을
써주는 듯했다. 이사를 들어오던 날처럼 다시 텅 비어버린 나의 마지막
둔촌주공아파트 집, 이제 내가 나가면 다시 아무도 들어와 살지 않을
집이었다. 남겨둔 빗자루를 들고 집을 쓸었다. 마치 집을 쓰다듬어
주듯이. 식탁 위에 걸어두었던 조명은 그대로 두고 떠나왔다. 집에
돌아왔을 때면 나를 늘 반겨주던 등이었다. 아침에 일어나 멍하니
앉아있을 때도, 저녁에 혼자서 고요한 시간을 보낼 때도, 좋은 사람들과
함께일 때도 그 조명 아래에서 많은 시간을 보냈다. 그러고 보니 그

집에 이사 들어갈 때 유일하게 손 본 것이 그 조명이었다. 내가 그 집을 위해 달아준 선물이었으니, 그 선물은 그 집에 남겨두는 게 맞았다.

그로부터 며칠 뒤, 그 조명 아래에 많은 이들이 모였다. 그동안 <안녕,둔촌주공아파트>를 함께 해주고 응원해 준 분들과 그 집에서 마지막으로 함께 시간을 보내고 싶었다. 원래는 이삿날 짐을 다 빼고 조합에 신고해서 공가가 되었음을 확인받은 후에는 그 집에 다시 들어가지 못한다. 하지만 조합에 특별히 허락받고 일주일 정도 시간을 벌 수 있었다. 작업실에 있던 의자들과 빔프로젝터만 챙겨 들고 와서 조촐한 상영회를 마련했다. 라야 감독과 함께 작업한 <집의 시간들>을 함께 보기로 했다. 마침 지인의 아버님이 직접 만든 진공 스피커를 들고 함께 참석해 주셔서 이 영화에서 아주 중요한 부분인 음향이 다행히도 정말 훌륭했다.

초대받은 분들이 하나둘 모였다. 사람들이 가득 들어오니 그 춥던 집에도 잠시지만 다시 온기가 돌았다. 둔촌에 살던 사람들의 집을 기록한 그 영화에는 우리가 모여 있던 바로 그 집도 나왔다. 불과 일주일 전만 해도 영화 속 그 모습으로 머물렀던, 하지만 이제는 텅 비어버린 집에서 그 시절의 모습과 소리, 그리고 이야기들을 다시 불러내서 보고 있다는 게 참 낯설었다. 어쩐지 그 집도 초대받은 이들 사이에서 함께 그 영화를 보았을 것만 같다. 영화가 끝나고 와주신 분들에게 감사 인사를 드리다가 나는 또 훌쩍훌쩍 울어버렸다. 그때 그 집이 나를 포근하게 지켜보고 있다는 느낌이 들어서 그랬던 것 같다. 집에게 우리가 함께한 시간이 이렇게나 아름다웠다고, 그동안 정말

고마웠다는 인사를 전하는 기분이었다.

영화 상영을 끝마치고 우리는 한참 동안 이야기를 나눴다. 서로
처음 보는 사이도 많았지만 <안녕,둔촌주공아파트> 프로젝트에
깊이 공감해 주는 이들이었고, 집과 동네, 건축과 도시를 기록하고,
이야기하고, 고민하는 이들이 많았기에 서로 말이 잘 통했다. 그러다
보니 시간이 많이 흘러버렸지만 그래도 마지막이니 그냥 나가긴
아쉬웠다. 단지 안을 살짝만 둘러보기로 했다. 이미 초저녁부터 한밤중
같았지만, 밤에 나오니 더 스산했다. 춥고 눈발까지 날려서 쉽지 않은
산책이었다. 기린놀이터까지만 둘러보고 단지 바깥으로 나가는 코스로
산책은 정말 짧게 끝났다. 어둠 속에서 한껏 움츠리고 하얀 입김을
뿜으며 얼어버린 바닥을 종종거리며 걸었다. 흔히 접하지 못하는
스산한 풍경이었지만 함께여서 웃으며 즐길 수 있었다. 그 자리에
모였던 이들의 인연은 그 후로도 점점이 이어졌다.

|

얼마 전, 완전히 잊고 있던 기억을 발견했다. 깜깜하게 불이
꺼진 단지 안에서 내가 동료들과 눈썰매를 타고 놀고 있는 동영상을
발견하였다. 날짜를 확인하니 이사한 바로 다음 날이었다. 어쩌다가
이사하고 바로 다음 날에 또 다 같이 만난 건진 모르겠지만, 동영상이
아니었다면 누구와 함께 있었는지도 전혀 기억 못 할 뻔했다.
둔촌주공아파트를 기록하고 기리는 일을 끝까지 함께 했던 근철 님,

준열 씨, 그리고 현지 씨였다. 영상 속에서 우리는 내가 어릴 적 살았던 324동 언덕에 있었다. 가로등 하나 외에는 불빛이 아예 없어서 영상은 어두웠지만 어딘지 바로 알아볼 수 있었다. 나는 영상을 찍고 있고, 저 멀리서 근철 씨가 "우와아~" 소리를 지르며 썰매를 타고 내려오는데 속도가 꽤 빨랐나 보다. 함께 있던 현지 씨와 준열 씨가 "우오오 대박!"이라며 하하하 웃는 소리가 온 동네에 울린다. 그리고 마지막엔 근철 씨가 "하하 재밌다!"라고 말하고, 내가 참았던 웃음을 소리 내어 하하하 내뱉는다. 어쩜 이렇게 즐거웠던 순간을 이토록 까맣게 잊고 있었던 걸까?

사실 나는 평소에도 기억력이 그리 좋은 편이 아니다. 특히, 힘든 시절의 기억은 더 잘 잊어버린다. 그래서 그런지 이사를 떠나고 둔촌냥이 활동가로 지내며 많이 힘들었던 2017년부터 2020년 정도까지는 머릿속에 부연 먹구름이 낀 듯 또렷한 기억이 잘 없다. 기억들이 죄다 파편적으로 끊어져 있고 하나 같이 멍멍하다. 힘들었던 기억을 죄다 지워버리려고 애쓰다 보니 그 주변에 있던 이렇게 즐거웠던 순간도 잊어버렸던 모양이다.

동영상이 남지 않았다면 아마도 이 좋았던 순간을 영영 잊어버렸을지도 모른다. 에세이를 쓰기 전에 이 동영상을 발견하게 된 것도 정말 다행이다. 혹시나 또 잊고 있는 아름다운 기억은 없을까 싶어서 예전 사진들을 찬찬히 살펴보았다. 그러지 않았다면 이번 글은 외롭고, 서럽고, 슬프기만 했을 수도 있다. 그래도 지나간 시간을 기록해 두어서 힘들었던 시간에도 좋은 사람들이 내 곁에 있었다는 걸, 때로는

나 혼자서도 둔촌주공아파트와 마지막으로 좋은 추억을 남기려고
애를 쓰기도 했다는 걸, 찰나처럼 짧아도 보석처럼 반짝이는 순간들이
있었다는 걸 다시 상기할 수 있었다. 아마도 내가 이래서 더 기록을
남겨두려고 애썼던 것 같기도 하다.

끝까지 아름답게 빛나는

몇 년 전, 지나가는 길에 워커힐 아파트를 보았다. 아차산
지하차도를 지나 천호대로로 향하는 길이었다. 오래된 아파트가 늘
그러듯, 금이 간 부분을 메꾸는 처리를 하고 있었다. 얼룩덜룩해진
외관이 누가 봐도 '낡은' 아파트였다. 둔촌주공아파트보다 몇 년 앞선
1970년대 말, 워커힐 호텔이 있는 아차산 자락 명당에 초대형 평형으로
지어진 고급 아파트였던 워커힐 아파트마저 이제 낡아 보이려고
애쓰는 건가 싶어서 쓸쓸했다. 그런데 며칠 후, 다시 그 길을 지나면서
본 워커힐 아파트는 오래전 그대로의 모습으로 말끔하게 새로 칠해져
있었다. 한결같이 이어온 붉은 벽돌색의 기품 있는 모습. 며칠 전 내가
본 건 도장을 새로 하기 위한 밑 작업이었던 모양이었다. 지레짐작으로
미리 실망했던 게 조금 미안했다. 다시 새로워진 워커힐 아파트를

보면서 오래되어도 그저 낡아버리지는 않는 것의 아름다움에 대해
생각했다.

재건축 재개발을 기다리는 건물들은 오랫동안 도장을 하지 않고
방치된다. 때로는 일부러 금 간 부분에 방수 처리만 해놓기도 한다.
당장 쓰러질 듯한 폐허처럼 보여야 하기에 낡았음을 강조하기 위해
쓰는 수법이다. 단지가 큰 만큼 재건축도 오래 걸렸고, 그만큼 방치된
시간도 길었던 둔촌주공아파트의 마지막은 유독 심하게 낡아 보였다.
새로 칠하지 않은 채 버틴 시간이 20년도 더 되었다고 했다. 아파트
건물의 색이 전체적으로 흐릿하게 바래있었다. 금 간 부분을 메워둔
지도 오래되었는지 그 부분마저 낡아 보였다. 어떤 곳엔 왜 생겼는지
모를 그을음 같은 검은 줄이 주-욱 그어져 있기도 했다. 관리사무소
앞에 높이 솟아있던 붉은색 줄무늬 굴뚝은 도색을 스텐실 기법으로 한
게 아닐지 싶을 정도로 얼룩덜룩한 세월의 질감이 눈에 띄었다.

그런 모습이 누군가에게는 나름 '운치 있다'라고 느껴졌는지도
모르겠다. 한동안 이어진 레트로 열풍으로 오래된 아파트의 낡은
공간이 '힙'한 문화의 언저리에서 다뤄진 적도 있었다. 하지만 나는
둔촌주공아파트의 반짝거리던 모습을 기억하는 사람이라 그저
방치되어 낡아버린 모습을 바라보는 마음이 좋지 않았다. 오래된 것과
낡은 것은 엄연히 다르다. 그 차이를 가르는 것은 그 존재를 대하는
마음과 태도에 있다. 한마디로 '관리' 여부에 따라 상태가 달라진다.
'안녕,둔촌X가정방문' 프로젝트를 통해 만난 80대 할머니께 그 차이를
배울 수 있었다.

할머니는 따님의 집 옆에 바로 나란히 붙은 작은 집에서 살고 계셨다. 그날따라 날씨가 흐려서 남향인데도 거실에 빛이 잘 들지 않았다. 집안은 조금 어둡게 느껴졌지만, 그런데도 집 안의 모든 물건이 반짝반짝 빛나고 있었다. 어린 시절 외갓집이나 할머니 방에서 보았을 것 같은, 족히 수십 년은 더 되었을 물건들이었는데도 처음 집에 들일 때의 빛을 잃지 않은 것 같았다. 할머니 댁과 따님 집의 살림을 도와주는 아주머니가 일주일에 두 번쯤 방문한다고 들었지만, 그 정도로 이렇게 모든 물건이 반짝거릴 수는 없는 노릇이었다. 그동안 프로젝트를 진행하면서 살림 솜씨가 전해지는 집을 많이 만났었다. 책을 비닐로 하나씩 싸놓은 책장도 보았고, 정갈하게 정리 정돈된 수납장이나, 풍성하게 잘 자란 화초를 보며 감탄한 적도 있었다. 그런데 이 집에 들어갔을 때는 조금 더 특별한 무언가가 느껴졌었다. 그것은 어떤 '기운' 같은 거였다.

우리가 찾아뵈었을 때 할머니는 80대셨지만, 누구보다도 반짝이는 눈빛을 갖고 계셨다. 할머니는 지금도 여전히 하루하루 심심할 틈이 없다고 하셨다. 병원에 갈 일이 조금 늘어서 예전만큼은 못하시지만, 그래도 매일 기도하고, 체조하고, 성당에도 나가 사회생활을 하며 바삐 사신다고 했다. 오랫동안 취미생활도 이어오셨다. 식탁 옆에 걸린 액자에 하얀 한복을 입고 무용하는 할머니의 사진이 담겨있었다. 원래 무용을 배우신 분인지 여쭤보니, 60대에 현대백화점 문화센터에서 무용을 배우기 시작해서 15년 정도를 꾸준히 배웠다고 하셨다. 10년은 일주일에 3번씩, 그 뒤로도 일주일에 한두 번씩 연습을 이어가셨다고 했다.

집안의 기운이 어쩜 이런가 싶었는데, 할머니의 기운이 집안에
묻어있는 거였다. 할머니는 집안을 쉼 없이 쓸고 닦는 게 오랜 습관이라
하셨다. 인생의 하루하루를 아름답게 일궈오신 것처럼 집안도 그렇게
반짝반짝 빛나도록 관리하고 계셨던 거다. 그런데 할머니는 곧이어 더
놀라운 말씀을 하셨다.

> "사람 기분이 그래. 오래 거주한다는 그런 마음이 들어가면 아무래도
> 소소히 장식도 바꾸고 그러는데 지금은 해봐야 소용이 없어지잖아. 작
> 년 가을부터 동네에 엄청 말이 많았어요. 그래서 그 뒤로는 집 안에 성
> 의가 안 들어가."

재건축을 앞두고 동네 분위기가 뒤숭숭해져서 집안일에 마음이 좀
떠버리셨다는 게 이 정도라니! 그럼 예전에는 어느 정도였다는 말인가!
할머니 댁에서 이야기를 나누고 돌아와서 한동안 '성의'라는 말이
오래도록 머릿속에 맴돌았다. 사전을 찾아보니 성의는 '정성스러운 뜻'
이라는 의미였다. 거기에 나오는 '정성'은 '온갖 힘을 다하려는 참되고
성실한 마음'이라 풀어 쓸 수 있었다. 나는 그날 참되고 성실한 마음으로
온갖 힘을 다해 가꿔온 집과 삶이 얼마나 아름답게 빛나는지를 실제로
보고 온 것이었다. 그 반짝임은 이제 막 피어난 5월의 푸릇푸릇한
잎새나 영롱한 꽃잎을 바라볼 때 놀라게 되는 신비롭고 싱그러운
기운과도 닮아 있었다. 어떤 마음가짐과 정성으로 관리하는지에 따라

오래된 것에서도 기품과 생명력, 존엄한 아름다움이 드러날 수 있다. 단지 오래되었다고 당연하게 그 빛을 잃고 낡아버리는 것이 아니었다.

|

　재건축 재개발을 앞둔 도시의 풍경에서도 그런 걸 기대할 수는 없을까? 그동안 여러 동네에 가 보았지만 대부분 그 끝은 쓸쓸했다. 재건축이 다가올수록 동네는 흉해진다. 그나마 다른 대단지에 비해 규모가 작아서 재건축 속도가 빨랐던 과천 같은 동네는 상태가 크게 나쁘지 않은 편이었다. 하지만 재건축을 오래 끌어온, 70년대 초반에 지어진 여의도 시범 아파트 같은 곳에 요즘 가 보면, 그냥 바라보기만 해도 안쓰러울 지경이다. 3년 전만 해도 이 정도는 아니었는데 지금은 포탄이라도 맞은 것처럼 폭삭 낡아 있다. 어쩌다 저렇게 된 걸까 싶어서 자세히 보니 금 간 곳에 흰색도 아니고 검은색으로 칠해두었다. 아마도 재건축을 빨리 진행해야만 한다고 설득하기 위한 시위의 일종인 것 같았다. 그렇게 그저 버티는 시간으로만 치부되는 대단지의 마지막은 대체로 쓸쓸하다.

　그런데 대단지 중에서도 끝까지 품위를 지켜낸 경우를 딱 한 번 본 적이 있다. 바로 반포주공아파트 1단지. 그곳의 마지막을 지켜보지 못했다면 나 역시 재건축 단지가 끝을 향할수록 점점 더 험하게 망가지는 건 어쩔 수가 없다고 여겼을 것 같다.

　대학원 졸업 후, '테크캡슐'이라는 회사에 1년간 다닌 적이 있었다.

그곳은 서울시립대 건축학과의 황지은 교수님이 창업한 회사로
3D 스캔 기술로 건물과 도시를 기록하는 일을 하고 있었다. 마침
반포주공아파트의 이주 소식을 듣고 그곳의 마지막을 기록해 보기로
했다.

촬영 협조를 구하기 위해 반포주공아파트를 처음 찾았을 때부터
이곳은 뭔가 다르다는 걸 느낄 수 있었다. 주차장의 빈자리가 조금씩
늘어나는 것 말고는 끝이 다가오고 있다는 느낌이 없었다. 단지 안은
평소처럼 정갈하고 깨끗했다. 아니, 어쩌면 평소보다 더 깨끗했을지도
모르겠다. 반포주공아파트 1단지는 주민들의 이주가 모두 끝날 때까지
경비와 관리 인력을 줄이지 않았다. 기존에 아파트 단지를 관리해 오던
입주자대표회와 관리사무소, 그리고 재건축을 진행하는 재건축 조합과
시공사가 마음이 잘 맞아 그리하기로 합의하였다고 들었다. 살아가는
이들이 거의 남지 않았는데 치우는 이는 그대로였다. 누군가 몰래
버리고 간 가구나 굴러다니는 쓰레기도 없었다. 이런저런 군 짐이 있을
법한 옥상도 깨끗했다. 심지어 가을인데도 낙엽이 쌓여있지 않았다.
상가나 베란다 창문에 '공가'라는 표시가 붙지 않았다면 이곳이 곧
사라질 곳이라는 티가 전혀 나지 않았을 수도 있었을 것 같다.

시공사에 연락드려 조합의 허락을 받고 집을 섭외하고 진행 일정을
잡는 등 중간에서 이런저런 조율을 하는 것이 내 역할이었다. 그래서
막상 촬영 당일 현장에서는 내가 해야 하는 일이 많지 않았다. 그 덕에
텅 빈 반포주공아파트에서 마음에 드는 자리를 골라가며 가만히 앉아
멍하니 시간을 보낼 수 있었다. 햇빛이 잘 드는 자리에 앉아 있다가

조금 더워지면 나무 그늘로 자리를 옮겼다. 동네는 고요했고, 작은 새들이 지저귀는 소리만 들렸다. 아파트보다 높이 자란 메타세쿼이아는 복슬복슬 탐스럽게 주황빛으로 물들고 있었다. 울긋불긋 단풍이 물든 공원을 지나 놀이터에 가서 혼자 그네를 타기도 했다. 날아갈 듯 높이 올라보기도 하고, 그냥 힘을 빼고 눈을 감은 채로 햇빛과 바람을 즐기기도 했다. 어릴 때 그랬던 것처럼.

　펜스가 쳐진 이후에 어떻게 나무들이 베어지고 건물들이 허물어질지 이미 다 알고 있었지만, 반포주공아파트에서 머물던 그 평화로운 마지막 순간에는 그런 것들 때문에 미리 슬퍼지지 않았다. 살던 모습 그대로 잠들 듯이 떠난다는 게 이런 느낌일까. 반포주공아파트의 마지막을 보며 나의 마지막도 부디 평온하고 아름답기를 바라게 되었다. 마지막까지 품위를 지킬 수 있길. 그리고 그런 마지막을 위해 하루하루 온 힘을 다해 성실히 살아가며 삶에 대한 성의를 끝까지 잃지 말자는 다짐도 함께.

콘크리트와 사람, 그 사이에

사람들이 모두 떠나고 나는 여전히 단지 안에 남아있었다. 원래는 그럴 생각이 아니었다. 주민들의 이주가 끝나는 시점까지만 지켜보고 거기서 멈출 생각이었다. 기린 미끄럼틀 철거를 지켜보며 마음에 새겼던 다짐이었다. 동네의 상징이었던 기린 미끄럼틀을 위한 마지막 불꽃놀이를 주민들과 함께 마친 바로 다음 날, 아침부터 작은 굴삭기 하나가 놀이터에 와 있었다. 예정대로 철거가 시작되었다. 하필 기린 미끄럼틀의 목을 먼저 치는 바람에 고꾸라져 버린 머리가 더 안쓰러워 보였다. 하얗고 매끈하던 콘크리트 덩어리가 깨지고 바스러지는 모습을 내내 지켜보았다. 그렇게 우리에게 많은 걸 알려준 놀이터가 이번에도 먼저 떠나면서 재건축이 뭔지, 철거되어 사라진다는 게 어떤 건지를 알려주려는 것 같았다. 철거를 지켜보는 일은 마음에 큰 상처를 남기는 일이었다. 기린 미끄럼틀 하나도 이렇게 힘든데, 이 세계가 다 사라지는 걸 지켜보는 건 좀처럼 용기가 나지 않았다. 하지만 2016년 가을 정재은 감독님을 만나게 되면서 이런 마음이 바뀌었다. 이야기를 나누다가 아무래도 철거 과정을 끝까지 지켜보는 건 하지 못할 것 같다고 말씀드리니 감독님이 바로 "죽음을 직시해야 해요"라고 조언하셨다. 초면에 너무 의미심장한 조언을 하시는 거 아닌가 싶었지만, 자연스레 왠지 정말 그래야만 할 것 같은 기분이 들었다. 그래야 후회가 없을 것 같다는 생각이 들었다.

우리는 함께 단지 안을 돌아다니며 만나게 되는 고양이들을 보며 앞으로 일어날 일들을 걱정했다. 콘크리트와 사람, 그 사이에 나무와 새, 고양이 같은 수많은 생명이 여전히 그곳에 살고 있었다. 이대로 펜스가 쳐지면 철거 단계로 넘어간다니 믿을 수 없단 이야기도 나눴다. 마침 고양이들을 걱정하는 분들이 동네에 많이 있었다. 그분들은 재건축에 앞서 수년 전부터 개체 수가 더 늘어나는 것을 막기 위해 중성화도 더 적극적으로 추진하는 등 노력하고 있었지만, 그다음은 어떻게 해야 할지 막막한 상황이라고 했다. 남겨질 고양이들이 눈과 마음에 밟혀서, 동네 분들과 힘을 합쳐 뭐라도 바꿔보고 싶다는 생각이 들어서 결국 끝까지 남기로 마음을 바꿨다.

|

사람들이 모였다. 단지 안에서 오랫동안 고양이들을 돌본 분들도

있었고, 강동구 기반으로 활동하는 활동가 모임도 함께 하기로 했었다.
그들은 고양이를 잘 알고, 어느 동물병원이 좋은지 등 정보가 있었고,
강동구청 동물복지팀 등 지자체와 함께 문제를 해결해보려 한 경험도
있었다. 문화예술계에서 활동하는 재능이 많은 이들도 있었다. 나는
둔촌주공아파트를 잘 알았다. 넓고 복잡한 단지 지리를 누구보다
잘 알고 있었고, 입주자대표회장님과 관리사무소장님, 재건축 조합
이사님 등과도 안면이 있으니, 협조를 얻을 때 뭐라도 도움이 될 것
같았다. 무엇보다 둔촌주공아파트의 재건축을 슬퍼하고 걱정하는 이들
수천 명과 <안녕,둔촌주공아파트>라는 커뮤니티로 연결되어 있으니
필요하다면 그분들에게 도움을 요청해 볼 수도 있었다. 우리는 함께
힘을 모아보기로 했다. 지금 보아도 정말 더할 나위 없는 조합이었다.

　　우리는 이 일에 어떻게 접근해야 할지 함께 고민해 보기 위해
다른 지역에서 비슷한 활동을 했던 사례를 공부하는 세미나를 열었다.
발표를 위해 찾아와 주신 동물단체 이사님이 시작부터 우리에게 질문을
던지셨다. "우리는 왜 이런 일을 하려는 걸까요?" 다들 선뜻 대답하지
못하고 고민하고 있었다. 너무 걱정되어서 하려는 건가? 재건축만
아니었으면 안 해도 될 일이었으니, 재건축 때문인 걸까? 머릿속에서
이런 일차원적인 생각만 하고 있을 때 이사님이 정답을 알려주셨다.
"그건, 생명이 귀하기 때문이에요." 그렇다. 생명이 귀하다는 것만큼
우리가 이렇게 함께 모인 이유를 잘 설명해 주는 건 없었다. 당연한 말
같지만, 마음속 울림이 컸다. 나만 울컥했던 것은 아니었나 보다. 앞쪽에
앉은 어머니 한 분 눈에 눈물이 고여서 이사님이 "왜 우세요~"라며

달래주자, 다 함께 웃음을 터트리며 자연스레 눈물을 닦았다.

'생명이 귀하다'라는 말은 그 뒤로도 힘든 일이 있을 때 마음을 다잡는 중심축이 되었다. 생명은 귀하고, 그 귀한 생명을 돌보고 살리는 것만큼 아름답고 의미 있는 일은 세상에 없다. 우리가 하려는 일이 숭고한 아름다움이 있은 일이라는 걸 그때 알았다. 쓸데없는 오지랖, 오만 걱정 같은 말로 폄하될 일이 아니었다. 다들 진지했고, 진심이었다. 하지만 안타깝게도 숭고한 가치만으로 여러 사람의 뜻이 하나로 모이는 것은 아니었다.

그 시절 내 컴퓨터 모니터에는 디자인스튜디오 겸 출판사인 6699press에서 만든 작은 문장 엽서가 하나씩 붙어 있었다. 처음에 붙어 있던 엽서는 "연대해야 해요"였다. 안타깝게도 숭고한 목표를 위해 모인 사람들의 모임은 한심한 싸움판이 되었다. 사사로운 오해가 기 싸움과 감정싸움으로 번지고, 편이 갈리고…. 그런 상황에서도 우리가 찢어져서 다른 조직으로 굴러간다고 하더라도, 그래도 처음의 목표를 완수하기 위해 끝까지 연대해야 한다고 믿었다. 하지만 상대에 대한 기본적인 인정과 존중이 없는 이들과는 연대가 불가능할 수 있음을 배웠다.

그래서 새로운 엽서로 바꿔 붙였다. "그리고 우리의 빛나던 시절을 추억할 순간엔, 더 많은 이들과 함께일 거라고 믿는다. 세상에 그런 시절이 있었다고, 웃으며 이야기할 날이 머지않았다. 그 시절이 머지않았다." 그 시절을 버티게 해준 고마운 글귀였다. 당장 지금보다는 먼 미래를 기대하며 바라보아야 버틸 수 있던 시간이었다. 둔촌냥이를 위한 기금 마련을 위해 열었던 스토리펀딩에 이런 글귀를 적어두었다. "어쩌면 우리 사회는 지금 반환점을 돌고 있는지 모른다. 급격히 방향을 전환할 때는 속도를 줄여야 하기에, 한동안은 변화가 더디게 느껴질지 모른다. 하지만 이미 수많은 사람의 노력으로 세상은 조금씩 변하고 있는 것 같다. 우리가 걷는 이 길이 반환점을 돌고 새로운 곳으로 향하는 것이길 진심으로 바라본다." 지금 다시 생각해 보면 왔던 길로 되돌아가는 '반환점'이 아니라, 완전히 새로운 길로 돌아서는 '전환점' 이 더 맞을 것 같긴 하다. 어쨌든 당장은 너무 답답하지만 아주 작은 변화를 만들어내는 것에 집중해야 했다. 그게 결국 먼 훗날 큰 변화를 만들어 내는 전환점이 될 수 있을 거로 믿기로 했다. 우리가 처음 뜻을 모았던 고양이들의 이주를 돕는다는 목표만 생각하며 그저 우리가 지금 할 수 있는 일들에만 집중하면서 최선을 다하자며 동료들과 서로를 다독였다.

|

이렇게 적어놓으니, 정신력으로 잘 버틴 것 같지만, 사실 나는 무너지고 있었다. 사람들의 싸움이 격화되던 그 시점에 동네 풍경도 황폐하게 변하고 있었다. 어느 날, 단지 앞 도로에 아무것도 걸치지 않은 알몸처럼 휑한 아파트 벽이 하얗게 나앉아 있었다. 생전 처음 보는 광경에 순간 멍했다. 뭐가 잘못된 거지? 길을 가던 사람들도 놀라서 멍하니 쳐다보고 있었다. 나무가 베어지고 없다는 것을 뒤늦게

알아차렸다. 놀라서 달려가 보니 단지 외곽을 따라 나무들이 줄줄이 베어지고 있었다. 아니, 어떻게 아이들도 많이 다니는데 이렇게 충격적인 장면을 이렇게 노출해도 되는 건가? 너무 잔인하다. 나무를 베려면 공사장 가림막이라도 치고 해야 하는 거 아닌가? 그런데 알아보니 공사장 가림막을 설치하려고 단지 외곽의 나무를 베고 있는 거였다. 아무리 그래도 그렇지, 이걸 꼭 아이들이 많이 다니는 등굣길 쪽에서부터 시작했어야 했을까? 하지만 이런 건 그저 시작이었다. 공사 계획을 세우는 사람 중에 이 주변 동네 사람들과 환경을 걱정하는 이는 하나도 없는 것 같았다.

그 무렵 단지 안에는 포크레인이 들어와 화단을 넘어 다녔다. 마지막 봄의 꽃들이 이제 막 아름답게 피어났는데, 그 옆을 점령군의 탱크 같던 포크레인이 지나가는 장면이 너무 기이했다. 나무에 붉고 노란 띠가 묶이기 시작했다. 이식할 나무들을 표시해 두기 위해 묶어둔 띠였다. 둔촌주공아파트에서 공식적으로 이식된 나무는 2,800여 그루였다. 그 숫자만 보면 정말 많은 나무가 살려진 것 같지만, 단지 안에는 3만 그루가 넘는 크고 작은 나무들이 있었다. 그렇기에 이식된 나무는 8%에 불과했다. 그마저도 펜스 안쪽 자투리땅으로 이식된 나무들은 모두 고사하였고, 단지 뒤편으로 옮겨진 나무들은 몇 번의 계절이 지나도록 상태가 좋지 않았다.

다들 나무를 이식하는 것보다 벌목하는 게 더 싸다고 이야기했다. 그래서 다 베어버릴 수밖에 없다고 했다. 하지만 환경영향평가에서 지정하여 이식된 나무 외에도 수형이 정말 아름다운, 돈이 될 만한

나무들은 농장 같은 외부 업체에서 크레인까지 동원하여 옮겨가기도
했다. 어떤 나무는 긴 트럭에 다 실리지 못할 정도로 너무 커서, 마치
목이 긴 공룡처럼 나무 꼭대기 부분이 트럭 밖으로 길게 늘어져 있었다.
그걸 그냥 퍼주는 건지 아니면 파는지는 알 수 없었다.

한번은 단지 안에 군락으로 있던 계수나무를 이식한 곳까지 따라가
보았다. 자잘한 가지들을 모두 쳐내고 거의 기둥만 남은 나무들의
몰골은 처참했다. 현장에 계시던 아저씨에게 가지를 너무 심하게
잘라서 더 안쓰러워 보인다고 푸념하듯 이야기하자, 아저씨는 "이래야
산다"라고 이야기해 주셨다. 쓸데없는 것들은 다 쳐내고 가장
핵심적인 뿌리와 줄기만 남겨두어야 죽지 않고 살아남는다고 했다.
사람도 마찬가지인 듯했다. 그 시절 나는 집에서 쉴 수 있는 날도 별로
없었으면서 잠시라도 집에 머무는 날이 생기면 가만히 있지 못하고 집
안 정리를 해댔다. 그러면서 뭘 참 많이도 버려댔다. 아저씨 이야기를
들으니 나도 다 살려고 그랬던 거 같다. 아무래도 화병이었는지 답답한
기분이 자주 들었고, 조금이라도 더 덜어내야 살 것 같았다.

|

한번은 현장에서 작업하시던 아저씨가 둔촌의 나무들은 인천으로
많이 갔다는 이야기를 들려주셨다. 그쪽에 이식장이 있는 건가 싶어서
"인천 어디요?"라고 여쭤보니 인천에 제지 공장이 많다고, 그리로
많이 갔다고 했다. 벌목이 시작되자 모든 것이 순식간이었다. 작은

나무는 전기톱을 가져다 대면 바로 기절하듯 풀썩 누워버렸다. 멀리서
바라보면 도미노가 쓰러지듯이 나무들이 차례차례 시야 바깥으로
사라졌다. 큰 나무가 쓰러지는 것도 1분도 채 걸리지 않았다. 나무의
둥치에 꽂힌 톱이 어느 지점을 넘어서면 나무의 무게가 한쪽으로
쏠리면서 우직끈- 부러져 버렸다. 시간이 멈추는 듯한 그 잠시의 순간에
나무는 스스로 죽음을 느끼는 듯 아주 단단하게 굳어버리는 것 같았다.
그리고 힘없이 쓰러지는 것처럼 유연한 포물선을 그리지만, 온몸의
무게를 실어 땅을 아주 세게 때렸다. 근처에 서 있으면 진동과 여진이
바닥을 타고 나의 온몸에 전해졌다.

분명 전날까지는 그대로였던 곳도 다음날에 가보면 나무들이
모두 베어져 쓰러져 있었다. 마치 전쟁 기록에서나 보던 학살 현장
같았다. 삽시간에 동네 풍경이 황폐하게 변했고, 동네를 가득 채우던
새들의 울음소리도 변했다. 나무가 베어지는 건 새들의 집이 사라지는
일이었다. 단지 안에 있던 작은 동산이 오전 반나절 만에 모두 베어졌다.
검게 쌓여있는 나무 무더기 사이를 작은 새들이 파닥거리며 뛰어다니듯
낮게 날고 있었다. 차마 크게 울지도 못하고 흐느끼던 소리를 잊지
못한다. 둥지를 찾는 거였을까. 아직 날지 못하는 어린 새끼들이
있었을까. 눈앞에서 재난 같은 상황이 펼쳐졌지만 내가 해줄 수 있는
게 없었다. 나무가 모두 사라지고 난 후의 동네는 혼이 나간 듯했다.
그저 죽음을 기다리는, 혹은 그때 이미 죽었던 건지도 모르겠다. 나도
혼이 나간 듯했다. 동네에서 나무가 사라지자 그곳에 얽힌 기억도
지워지는 것 같았다. 영화 <이터널 선샤인>에서 지워지는 기억 속을

거꾸로 뛰어가던 것처럼 모든 게 너무 빨리 사라져서 결국 모든 걸 다 놓쳐버리고 말았다.

|

그런 걸 다 지켜보면서 계속 고양이들을 챙기기 위해 단지 안 곳곳을 돌아다녀야 했다. 건물 철거는 아직 시작도 안 했는데도 예상 밖의 난관은 계속 이어졌다. 나무가 이식되고 남은 자리에는 거대한 웅덩이가 생겼다. 때로는 갑자기 흙이 다 파헤쳐 한쪽 구석에 거대한 흙더미 산이 만들어지기도 했다. 어제까지는 지나다닐 수 있던 길이 막혀 사라졌다. 비가 오면 갑자기 생긴 진흙밭에 발이 빠지기도 했다. 극심한 무더위와 추위가 몰려왔던 2018년이었다. 너무 더워서 웅덩이가 다 말라 버려 모기도 잘 안 보인다는 뉴스를 분명 본 것 같은데, 아무래도 그 모기들이 다 둔촌주공아파트로 몰려온 것 같았다. 땅은 파헤쳐졌고, 물웅덩이도 많고, 게다가 방역을 안 하니 모기뿐 아니라 알 수 없는 이상한 벌레로 가득했다. 나는 면역력까지 바닥을 쳐서 벌레에게 물리면 알레르기처럼 퉁퉁 크게 부어올랐다. 한번은 너무 심하다 싶어 세어보니 퉁퉁 부어오른 데만 40곳이었다. 모기 기피제를 아무리 뿌려도 소용이 없었다.

단지 안에 수도, 전기, 가스 공급은 진작에 끊겼다. 그 큰 단지 안에 이용할 수 있는 화장실은 관리사무소 한 곳뿐이었다. 도로 주변에 보완을 위해 켜놓은 가로등만 불이 들어오고 있었다. 저녁이면 하나둘 불이 들어오던 거실 창문에는 온통 암흑이 가득 자리 잡고 있었다. 단지 외곽 쪽만 바깥세상의 번쩍이는 간판과 가로등 불빛이 들었다. 그리고 그 빛을 막아서는 펜스 아래는 가장 어두웠다. 하루는 동료와 함께 펜스 가까이에 붙여둔 밥자리에 갔다가 동료가 놓고 온 짐을 가지러 가느라 잠시 그곳에 홀로 머무른 적이 있다. 추석 연휴라 모두 쉬고 있을 때여서 온 동네에 평화로운 분위기가 가득했다. 펜스 너머로 들리는 지나다니는 사람들의 일상적인 대화 소리가 왜 그리도 부럽게 느껴지던지…. 펜스 너머, 이 어두운 곳에 지쳐버린 한 사람이 서 있다는 걸 누구도 알지 못했다. 나는 무슨 잘못을 했길래 이 어둠 속에 갇혀있는 걸까 싶었다. 세상과 너무 멀리 떨어져 버린 것 같았다.

오랜만에 부모님의 생신 선물을 사러 백화점에 갔다가 감동한 적도 있었다. 매일 같이 거친 모래가 날리는 폐허를 돌아다니다가 매끈하고 단단한 바닥 위로 미끄러지듯 걸어 다니는 기분이 정말 좋았다. 이것이 문명인가! 아름다운 향기와 기분 좋은 음악, 그리고 반짝거리고 보드라운 새로운 물건들이 가득한 곳에 들어와 있다는 게 눈물 나게 좋았다. 아무도 걸어 다닐 때 흙먼지 가득한 발자국을 남기지 않고, 땀 냄새도 나지 않았다. 백화점 같은 곳이 있었다는 걸 미처 몰랐던 사람처럼 모든 게 놀라웠다. 다시 문명의 세계로 돌아가고 싶었다.

그 시절 혼자 있을 때면 아무 이유 없이 자꾸 눈물이 났다. 그나마 나는 차가 있어서 다행이었다. 혼자 있을 수 있는 공간은 차 안밖에 없어서 운전할 때마다 울었다. 아무래도 심각한 우울증이었던 것 같다. SNS에서 아기곰이 벼랑을 올라가는데 자꾸 미끄러지는 영상 같은 것만

접해도 바로 엉엉 울었다. 결국에는 다행스럽게 성공하는 이야기일
게 뻔했지만, 현실에서는 그렇지 않은 경우도 정말 있을 수 있으니까.
고양이를 한 마리씩 입양 보낼 때면 어김없이 눈물을 쏟았다. 이주해서
잘 정착한 모습을 볼 때도, 한동안 안 보이던 아이가 다른 곳에서
발견되었다는 소식을 들을 때도 그렇게 눈물이 났다. 단순히 '기뻤다'
라고 표현하기에는 조금 다른 감정이었다. 생명을 지켜내는 일은
그걸로 무언가 대단한 걸 더 이룰 수 있는 그런 종류의 일은 아닌 것
같았다. 가장 높은 단계의 보상이 그저 '다행이다'라는 안도감이었다.
생명이 지켜지지 못할 경우와 이유가 세상에는 촘촘하게 많았지만,
다들 그저 다행스럽게 살아가고 있는 것 같았다. 뉴스를 볼 때면 나의
우울에는 비할 수 없는 더 큰 슬픔이 너무 많았다. 다들 어떤 마음을
안고 살아가는 건가를 생각하다 보면 또 어김없이 눈물이 났다. 당시의
나는 세상의 모든 슬픔에 너무 과도하게 공감하고 있었던 것 같다.

|

　　한번은 수백 마리의 길고양이를 학살한 사건이 보도된 적이 있었다.
한 마리 한 마리 지켜내는 건 그렇게 어렵고 수고스러운 일이었는데,
어떻게 그렇게 손쉽게 수많은 생명을 죽여온 걸까. 왜 지키려는 사람이
늘 더 힘든 걸까. 너무 속상한 마음에 트위터에 "무언가를 없애고 싶은
사람보다 무언가를 지키고 싶은 사람이 늘 더 힘들 수밖에 없다. 없애는
건 한순간이고, 지키는 건 매 순간이어야 해서."라는 글을 남겼다.

다들 끔찍한 뉴스에 속상하던 상황이라 RT가 적지 않게 되었는데, 어느 날 나의 지인에게서 연락이 왔다. 자기가 아는 한 사람이 요즘 불안해 보였는데, 내가 남긴 글을 마지막으로 리트윗하고는 연락이 두절되었다고. 나중에 다시 연락해 온 지인은 그분이 자살 시도를 했었는데 다행히 너무 늦지 않게 발견되어 무사하다는 이야기를 전해주었다.

그 사건은 나에게도 충격이었다. 지키는 게 늘 더 힘들다는 푸념 속에는 지키는 일이 더 힘들어도 지키는 노력을 할 만큼 생명은 귀한 거니까 우리는 지키는 쪽을 택해야 한다는 이야기를 사실은 하고 싶었던 거였는데…. 아니 사실 저 이야기는 이 사건으로 정신을 차리고 나서야 할 수 있었던 생각이었다. 사실 그렇게 생각하는 게 맞는 거라는 걸 나도 잠시 잊고 있었던 것 같다. 나도 무언가를 지키는 일에 너무 지쳐버려서 그런 글을 남겨두었던 건지도 모르겠다. 살면서 죽고 싶다는 생각을 별로 해본 적이 없었는데, 그때는 모든 것이 너무 지긋지긋해서 이 모든 게 끝나버렸으면 싶었다. 그러다가 내가 갑자기 죽는 것밖에는 방법이 없겠단 생각도 했다. 생명이 귀하기 때문에 시작한 일이었는데, 그 사건으로 내가 내 생명을 귀하게 여기고 있지 않았단 걸 자각하게 되었다.

나와 동료는 탐험가나 광부가 쓸 것 같은 라이트를 머리에 쓰고 어두움 속에서 고양이를 돌보러 다녔었다. 어두움 속에서 그 불빛은 앞을 비추지만, 그 빛을 내뿜는 사람 쪽에는 더 짙은 어둠이 생긴다. 그렇게 돌보는 사람은 어두운 그늘에 가려져 점점 보이지 않게 된다.

다른 이들도 돌보는 이들을 돌보아야 한다는 생각은 미처 하지 못한다. 그렇게 점점 지치게 되면 마음에 품었던 밝은 빛도 그 어둠 속에서 점점 기운을 잃게 된다. 그때 곁에 있던 이가 내 안에 빛이 있다고 이야기해 주지 않았다면 스스로 알아채지도 못할 만큼 내 안에 빛은 힘을 잃고 약해져 있었다.

2018년 가을, 석면 철거가 시작되면서 민간인의 단지 안 출입은 법적으로 금지되었다. 한동안 작업실에도 아예 나가지 않고 온종일 아무 일도 일어나지 않는, 내 고양이들이 늘어지게 낮잠 자는 고요한 내 집에 머물렀다. 그리고 온전히 나를 돌보기 위한 시간을 보냈다. 그즈음, 모니터 옆에 붙여놨던 6699press의 엽서를 다시 바꿔 붙이며 내 안의 빛이 꺼지지 않길 기도했다.

"시간이 할 일을 남겨두는 것. 그 아무것도 성급히 판단하지 말고 애써서, 애써서 더 너그럽고 여유로워질 것."

철거되는 과정을 지켜보는 일

주민들의 이주가 끝났을 때는 잠시 시간이 멈춘 것 같았다.
모든 게 그대로인 듯했지만, 많은 것이 달랐다. 그 많던 자동차는 다
사라졌고, 걸어 다니는 사람도 없었다. 지나가는 바람조차 없는 쾌청한
여름날에는 하늘이 너무 파랗고 빛의 대비도 너무 강렬해서 모든
것이 지나치게 또렷해 보였다. 마치 컴퓨터 그래픽으로 만든 세상
속에 들어와 있는 듯한 기분이었다. 이어폰을 끼고 잔잔한 음악까지
들으면 롤플레잉 게임이 따로 없었다. 분명 현실인데 가상현실 같았다.
이따금 마주치는 사람들은 멀리서 봐도 어떤 일을 하는 사람인지 대충
알아볼 수 있을 정도로 빤했다. 조합에서 고용한 시큐리티 직원들,
철거 준비 작업하시는 분들, 등하굣길에 단지 안을 지나가는 학생들,
그리고 고양이를 돌보던 캣맘들, 마치 게임 속에 고정적으로 등장하는

NPC(Non Player Character) 캐릭터 같았다. 나는 나대로 고양이 밥 당번을 하러 정해진 구역으로 발길을 옮기곤 했다. 둔촌주공아파트를 가상의 공간에 그대로 구현하고 싶다는 생각을 한 적이 있었는데, 그걸 만들면 아마 이런 느낌이겠구나. 사람 사는 맛이 나지 않는 가상공간 같은 건 어쩐지 별로일 수 있겠다는 생각이 들었다.

그 이후의 시간은 재건축 조합에 달려있었다. 본격적인 철거를 준비하는 작업 속도에 맞춰 모든 게 흘러갔다. 나무를 베어낼 때처럼 반나절이면 모든 게 달라질 정도로 몰아치던 때도 있었고, 이런저런 갈등으로 사업 진행이 막히면 아무 일도 일어나지 않는 시간이 몇 달이고 이어지기도 했다. 석면 철거가 본격적으로 시작되면서 매일 드나들던 공간에 아예 들어가지 못하게 되었고, 내내 함께 흐르던 나와 둔촌주공아파트의 시간도 거기서부터 갈라지게 되었다. 그 이후 둔촌주공아파트는 내가 모르는 다른 시간대로 흘러 들어가 버린 것 같았다.

그래도 가끔 둔촌주공아파트를 보러 갔다. 펜스 바깥에 있는 다른 건물 옥상에서 둔촌주공아파트를 내려다볼 뿐이었다. 우리의 출입을 막을 때만 해도 당장 철거할 것 같더니만, 석면 철거 과정에 문제가 생겨서 둔촌주공아파트는 오랫동안 어둠 속에 잠긴 채 그대로 머물러 있었다.

마지막으로 단지 안에 들어가 본 것은 정재은 감독님이 굴뚝 철거 과정의 촬영 허가를 받아서 스태프로 따라갔을 때였다. 한국사회체육센터, 이후에는 월드스포피아로 불리던 건물 옥상에

올라가 철거 중인 공사장을 조금 더 가까이에서 바라볼 수 있었다.·
이미 절반 정도 철거된 아파트가 눈앞에 있었다. 멍하니 공사하는
모습을 바라보았다. 매끈하던 콘크리트 벽에 크레인이 한번 닿으면
산산이 부서져 내렸다. 부러진 벽 사이로 철근이 튀어나왔고, 콘크리트
덩어리는 다시 잘게 바스러졌다. 먼 거리에서 바라봐서 그런지
실재하던 모든 게 부서져 사라지는 광경을 눈앞에서 지켜보면서도
이 사라짐이 좀처럼 믿기지 않았다. 이제 나는 저 안에 있지 않고,
아무것도 직접 만지지 못하고, 어떤 죽음의 냄새도 맡지 못한다. 그저
멀리 떨어져서 시각과 청각으로만 느끼는 광경은 한편 영화적이었다.
모든 게 파편이 되어가는 모습은 마치 에러 난 컴퓨터 화면을 보는 것
같았다. 있어야 할 곳에 제대로 붙어 있지 못하고 다 어긋나고 뒤엉켜
버린 픽셀들. 모든 게 잘못된 것 같았다.

　　때마침 드론으로 현장을 촬영하던 분이 드론의 방향을 우리가
있는 쪽으로 돌렸다. 드론을 향해 손을 흔들어 인사를 해 줬다. 우울한
기분이 조금 사그라드는 듯했다. 옆에 있던 준열 씨와 시답지 않은
대화를 나누며 다시 공사장을 내려다보았다. 기수의 깃발 신호에
따라 트럭 여러 대가 줄지어 굴러가고 있었다. 한쪽에서는 크레인이
콘크리트 덩어리를 부수고, 그 안에서 철근을 따로 발라내고 구겨서
철사로 된 공을 만들고 있었다. 정해진 대로 움직이며 각자의 기능들을
착착 수행하는 모습. 그냥 자신이 해야 할 일을 수행하며 열심히 사는
사람들의 모습. 그리고 그걸 열심히 찍고 있는 우리들. 이 모든 것이
놀랍게도, 귀여웠다.

문득 어릴 적 기린 놀이터에서 물웅덩이를 파며 놀던 기억이
떠올랐다. 기린 미끄럼틀을 타고 내려오는 바닥은 늘 움푹 파여서
비가 많이 오면 홍수가 난 듯 커다란 물웅덩이가 만들어졌다. 그러면
아이들은 그 웅덩이를 손이나 컵 같은 거로 파며 물길을 만들고
놀았다. 거기에 트랙터와 포크레인을 데리고 와서 흙을 퍼 나르며 노는
아이들도 있었다. 그러고 보니 공사장도 작은 놀이터 같아 보일 수도
있겠다 싶었다. 어른들의 세상도 사실은 어릴 적에 각자 재미있어하던
걸 계속 이어가고 있는 일종의 놀이터라고 생각해 보면 어떨지 싶었다.
그러니 너무 슬퍼할 것도 계속 미워할 것도 없다고.

철거가 모두 끝나자 거대한 크레인 수십 대가 땅 위로 솟아올라
이곳이 전국 최대의 재건축 현장이라는 위용을 드러냈다. 오랜만에
건너편 건물 옥상에 올라가 펜스 안을 내려보았다. 단지 안에
있던 초등학교 두 곳만 섬처럼 남기고 땅을 아주 깊이 파놓았다.
스타워즈에서 보았던 거대한 우주선 같아 보이는 거대한 지하 세계가
깊은 바닥에서부터 만들어지고 있었다. 장관이었다. 길게 줄지어
놓여있는 자재들 사이로 하얀 헬멧을 쓴 작은 사람들이 부지런히
움직이고 있었다. 깡-깡-거리며 쇠 부딪히는 소리가 길 건너편까지
들렸다. 모두 참 건실히 살아가는 것 같은데, 나만 여전히 멍하게 그곳을
바라보고 있는 것 같았다. 그 뒤로 맞은편 아파트 옥상에 올라가서
바라다보는 일은 하지 않았다. 그로부터 한참 뒤, 펜스 위로 아파트가
솟아오르기 시작했다. 콩나물이 자라듯 훌쩍훌쩍 자라났다.

|

．

둔촌주공아파트는 이미 철거되어 사라졌는데도, 나는 그 후로도
둔촌주공아파트의 '이야기'를 끝까지 지켜본다는 명분으로 논문과
단행본 원고를 붙잡고 있었다. 재건축 과정이 엎치락뒤치락하며
예상보다도 너무 길게 늘어져서 지켜보는 나도 괴로웠지만, 어쨌건 그
지긋지긋한 시간을 버텨내고 나니 이제야 '할 만큼 했다'라는 홀가분한
기분이 든다. 죽음을 직시한다는 목표는 끝까지 다 해낸 것 같다. 다른
분들은 지금도 가끔 둔촌주공아파트가 있던 곳을 둘러보러 온다는데,
이제 나는 그런 분들보다 후회나 미련이 더 안 남아있는 것 같기도
하다.

그런데 이제 와서 주민들의 이주가 끝난 2018년 1월에 그냥 그
시점에 프로젝트를 멈췄다면, 둔촌주공아파트가 망가지는 모습을
직접 마주하지 않았더라면 어땠을까 하는 생각을 굳이 해보곤 한다.
언제부턴가 둔촌주공아파트가 꿈에 나와도 자꾸 공사 중인 모습으로
나온다. 꿈에서 어릴 적 살던 집이 나와도 거실 창문 밖을 내려보면 공사
준비를 위해 분주한 이들이 보인다. 이미 철거 공사가 진행되고 있는
어수선한 공사장에서 인부 복장을 한 사람들 틈으로 정체를 들키지
않고 조심히 빠져나오려 애쓰는 꿈을 꾸기도 했다. 한번은 공사가 하도
지연되어서 전기와 수도가 끊긴 단지에 사람들이 몰래 들어와 사는
걸 구경 다니는 꿈도 꾸었다. 밖에서 불빛이 보이면 안 되니까 저녁이
되면 합판 같은 거로 거실 창문을 다 막고 불편하게 생활하고 있었지만,

그래도 나무가 베어지기 전이었고 그렇게라도 동네에서 사람들을
마주치는 게 반가웠다. 그렇게 한동안 둔촌주공아파트 꿈을 자주
꿨지만, 야속하게도 예전의 평화롭던 모습으로 온전히 나온 적이 단 한
번도 없었다. 둔촌주공아파트의 마지막이 역시나 충격이었던 모양이다.
아주 가끔 꿈에서라도 좋아했던 모습 그대로 만나고 싶은데, 이제는
그리울 때 꿈꿔볼 환상조차 갖지 못하게 되어버렸다.

기록과 공부의 치유

프로젝트를 진행하다가 둔촌주공아파트에 대해 더 깊이 파보기 위해 2017년에 대학원에 진학하였다. 이런 나의 행보에 다들 놀라곤 하지만, 내가 대학원에 가게 된 이유는 간단했다. 내가 생각보다 둔촌주공아파트에 대해 잘 몰랐기 때문이다.

원래는 『안녕,둔촌주공아파트』세 번째 책에서 둔촌주공아파트가 최고로 잘 만들어진 단지라는 걸 증명해 볼 생각이었다. 이곳이 보기 드물게 잘 만들어진 단지라는 심증은 확실히 있었지만, 그렇다고 그게 왜 좋은 건지, 어떻게 다르게 만들어졌기에 좋은 건지는 자세히 설명하지 못했다. 친구에게 이런 어려움을 이야기하니 "그건 네가 몰라서 못 하는 거네! 모르면 공부해야지"라는 명쾌한 해답을 내주었다. 그렇게 대학원에 가서 직접 경험한 층위를 넘어서는 더 자세한 맥락을 공부해 보고 싶어졌다.

그런데 막상 대학원에 입학하여 공부를 시작하자마자 바로 벽에
부딪혔다. 둔촌주공아파트는 잠실 대단지 건설 이후에 지어져서 더
발전된 부분은 있었지만, 그렇다고 '최고의 단지'까지는 아니었다.
둔촌주공아파트의 단지 계획을 연구하는 것만으로는 의미 있는 논문을
쓰기 어려우리라는 것이 자명했다. 논문 주제를 고민하던 나에게
지도교수님은 둔촌주공아파트에 대해 궁금한 질문들을 한번 다 나열해
보라고 하셨다. 둔촌주공아파트는 왜 하필 이 자리에 만들어지게 된
걸까? 왜 이렇게까지 크게 지어지게 되었을까? 누가 설계했고, 왜
이렇게 만들었을까? 국정원 사람들이 많이 살았다고 하던데 진짜일까?
둔촌 축제는 왜 사라지게 되었을까? 재건축은 도대체 왜 하게 된 걸까?
그리고 왜 저렇게 맨날 싸우고 시끄러운가? 하나씩 나열해 보니 나는
둔촌주공아파트의 처음부터 끝까지, 그리고 그 사이의 모든 것을
궁금해하고 있었다.

나의 방대한 질문들을 확인하신 교수님은 하나의 대단지가
만들어지고, 살아가고, 재건축으로 사라지는 아파트 단지의 '생애
사이클'을 중심으로 한번 면밀하게 들여다보는 연구를 해보면
어떻겠냐고 권하셨다. 그 당시에는 둔촌주공아파트뿐 아니라 고덕,
개포, 과천 등 많은 지역에서 주공아파트의 재건축이 동시다발적으로
진행되고 있었다. 그런 상황에서 '공간의 생애사'라는 관점으로
둔촌주공아파트를 살펴보면 여러모로 다른 대단지까지도 확장하여
이해할 수 있는 의미 있는 발견을 할 수 있을 거라고 조언 해주셨다.

그렇게 둔촌주공아파트의 생애 40년을 살펴보는 연구를 시작하게
되었다.

본격적으로 연구를 시작하던 2019년 무렵, 둔촌주공아파트의
철거가 시작되었다. 눈앞에서 사라지고 있는 존재에 관한 오래전
기록을 살피는 일이 처음에는 오히려 상실감을 배가시키는 것 같고
이상했다. 하지만 대상을 제대로 알기 위해서는 조금 멀리에 두고
객관화하며 이리저리 살펴봐야 했다. 단지 안에 갇혀 있던 내가 점점
더 단지 밖 세상으로 나왔다. 좁았던 시야가 트이고 더 멀리 바라볼 수
있게 되었다. 연구는 애착 대상과 거리를 두게 하는, 혹은 억지로라도
떼어 놓게 만드는 과정이었던 것 같다. 공부가 상실의 슬픔을 달래줄 수
있다는 이야기가 무엇인지 경험으로 알게 되었다.

보통 바라보면 알게 되고, 알게 되면 사랑하게 된다고 한다. 그런데
나의 경우에는 조금 다른 것 같았다. 공부하면 할수록, 사랑하는 것과
아는 것은 별개일 수도 있겠다는 생각이 자주 들었다. 내가 사랑하는
둔촌주공아파트와 내가 새롭게 알게 된 둔촌주공아파트는 어쩌면
하나가 아니라 별개의 다른 존재일 수도 있겠다는 생각이 들었다.

조사하면 할수록 내가 모르던 둔촌주공아파트의 낯선 면을 많이
보게 되었다. 그저 동네에 도는 소문인 줄로만 알았던 중앙정보부와의
연관성도 실제로 있었다는 것이 드러났고, 1980년 5월 그 삼엄한
시절에 집값을 내려달라고 데모를 할 수 있었던 것도 새롭게 알게
되었다. 어릴 적 추억이기만 했던 반상회의 기원도 알게 되었고,
대한주택공사에서 '단지 새마을운동'이라는 이름으로 진행한 많은 일도

살펴보았다. 그럴 때면 왠지 모르게 쎄-한 기분이 들었다. 내가 알던 둔촌이 아닌 기분이 들다가도 한편으로는 어쩌면 그래서 내가 알던 그런 둔촌이 되었나 싶기도 했다. 동네 주민들이 도시계획도로였던 '명일로'를 막고 끝끝내 다시 열지 않은 것부터 재건축 진행 과정에서 조합이 내린 수많은 이기적인 결정과 막무가내인 태도까지, 좀처럼 둔촌주공아파트를 좋아할 수 없는 구린 구석도 많이 알게 되었다.

공부를 시작한 초반에는 새로운 것들을 발견할 때마다 혼란스러웠다. 도대체 이런 존재를 사랑할 수 있는 건가? 아니, 사랑해도 되는 걸까? 나는 둔촌주공아파트의 어디까지 사랑하는 걸까? 그러면서도 이렇게 연구를 위해 계속 거리를 두고 바라보다가 오랫동안 사랑하던 마음마저 모조리 잃어버리게 될까 봐 한편으로는 두려웠다. 둔촌주공아파트의 여러 문제를 비판적으로 이야기하면서도 여전히 둔촌주공아파트라는 존재의 사라짐을 마음 아파했다. 자꾸 이상한 판단을 내리는 재건축 조합에 대해 분노하면서도 여전히 재건축 조합원인 친구 부모님의 안부를 걱정했다. 그래서 나는 둔촌을 좋다고 생각하는 건가, 문제라고 생각하는 건가? 분명하게 입장을 정하지 못하는 모호한 태도가 나의 한계라는 생각도 했었다.

지나고 보니, 이런 혼란은 자연스러운 일이었다. 둔촌주공아파트는 결코 하나의 덩어리 같은 존재가 아니기 때문이다. 아파트 단지를 공간으로만 보지 않고 그 안에서 관여하는 사람들, 그리고 그들이 내리는 결정 등을 나누어 살펴보려는 것이 연구의 중요한 관점이었는데, 연구 초반에 나는 여전히 둔촌주공아파트를 마치

하나의 인격적인 존재로 여기고 있던 것이다. 심지어 하나의 인격도
다양한 면이 있기 마련인데, 둔촌주공아파트가 그럴 수 있다는 걸 미처
생각하지 못할 정도로 둔촌에 대한 막연한 충성심이 참 대단했던 것
같다. 그런데 공부를 끝마칠 무렵, 나는 둔촌주공아파트의 비하인드
스토리를 다 알고도 여전히 둔촌주공아파트를 사랑하고 있었다. 오히려
둔촌주공아파트를 여러 겹의 레이어 혹은 여러 조각의 퍼즐이 합쳐진
존재로 인식하게 되면서 더 자유롭게 비판할 수 있게 되었고, 더 마음
편히 사랑할 수 있게 된 것 같다.

　　지난 나의 연구 과정을 되돌아보면, 수많은 작은 조각들을
모아 둔촌주공아파트를 복원하는 듯한 시간을 보낸 과정이었다.
둔촌주공아파트에 관한 어떤 기록이 얼마나 있는지, 얼마나
남아있을지도 모르는, 아니, 있기는 한 건지 싶은 그런 상태에서 그
조각들을 찾기 위해 온 세상을 더듬어 가며 뒤져보았다. 얼마나 큰
그림을 맞추게 되는 건지도 모른 채 찾아낸 조각들을 일단 연관성이
있어 보이는 부분들끼리 붙여보며 말이 될 법한 이야기 더미를 만들어
보았다. 그렇게 마련한 꾸러미들을 하나씩 엮어 큰 틀이 어느 정도
만들어진 후에도, 여전히 빈틈이 계속 보였다. 그러면 그 빈틈에 맞는
조각을 다시 찾아 또 붙여보고 엮어내며 한땀 한땀 이어갔다.

　　나의 연구법과 비슷하게, 조금은 미련해 보이는 수고스러운
노력을 들여 한국 도시와 주거의 맥락과 의미를 찾아내는 것이 우리
연구실의 특징이었던 것 같다. 당연히 그 원조는 나의 지도교수님이신
박철수 교수님이다. 내가 학교에서 둔촌주공아파트를 파고 있을 무렵,

교수님은『한국주택유전자』의 원고를 집필하고 계셨다. 훗날 벽돌처럼 두꺼운 책 2권 세트로 엮이게 되는 방대한 원고 작업이었다. 그와 함께 『경성의 아파트』작업과 또 다른 책의 원고 작업까지 연이어 집필을 진행하고 계셨다. 학교 수업 관련 일정을 최소화하시긴 하셨지만, 그래도 제자들보다 더 오래 학교 방 안에 머무시고, 더 많은 책과 자료를 살펴보며 하루를 보내셨다. 그리고 종종 퇴근길에 제자들의 연구실에 들러서 커피믹스를 한 잔 마시며 담소를 나누는 일이 교수님의 작은 즐거움이던 것 같다.

　하루는 최근에 찾아낸 한 자료를 자랑하며 어떻게 찾았는지를 설명해 주셨다. 끝날 듯 끝나지 않고 끝없이 이어져 흐르는 장대한 대서사가 펼쳐졌다. 어떤 연유로 그런 자료가 있다는 것을 알게 되었는지부터 그 자료를 얻기 위해 누구에게 연락했고, 그와 어떤 기대를 나눠가며 그 자료를 찾아냈는지, 그리고 얻어낸 자료를 분석하고자 함께하는 다른 연구자들과 어떤 자료를 더 모으고 어떻게 분석해 보았는지, 그리고 그 자료를 통해 어느 책의 어떤 파트에 무슨 문장을 완성했는지 등등. 사진 이미지 하나, 자료 하나를 찾아내기 위한 고난과 역경이 서사의 주요 내용이었다. 이런 이야기가 뭐가 그리 재미있을까 싶을 수도 있겠지만, 대학원 생활 내내 나의 가장 큰 즐거움이었다.

　그 수고스러운 여정을 다 끝마치고, 교수님은 우리가 하는 이런 작업을 곰곰이 생각해 보니, 이건 마치 시인이 시를 쓰며 딱 맞는 시어 하나 찾아내기 위해 단어를 고르고 또 고르는 그런 작업 과정과 닮은 것 같다고 하셨다. 도대체 돈으로는 환산이 안 되는 노력이지만, 가치 있는 발견을 위해 최선을 다하는 것은 분명 아름다운 일이라는 이야기로 늦은 시간까지 남아있는 제자들을 응원해 주셨다. 교수님은 참 많은 것을 알려주셨지만, 끝없이 이어지는 허무를 이겨내면서 자신이 필요한 하나를 얻어내기 위해 끝없이 파고드는 집념과 자신의 목표를 달성하기 위해 오랜 시간 문제를 쥐고 있는 성실함을 가진 이를 가까이에서 바라볼 수 있었던 것이 내가 교수님께 배운 가장 큰 가르침이었다. 자신이 믿는 가치를 끝끝내 지켜가는 사람이 있다는 것, 그런 삶이 한편으로는 힘든 구석도 있지만, 참으로 아름답다는 것을 직접 보며 배울 수 있었다.

　　대학원에 가서 좋았던 점이 그런 거였다. 예전에 회사를 다닐 때는 거의 접하지 못했던, 삶을 다른 방식으로 대하는 태도를 많이 접할 수 있었다. 교수님들과의 일상적인 대화에서도 그런 태도를 배웠고, 때로는 연구를 위해 살펴보던 기록에서 자료 뒤에 숨어있는 누군가의 의지와 태도가 읽히기도 했다.

　　둔촌주공아파트는 단지의 규모가 워낙 커서 국가에서 진행하는 '환경영향평가'라는 절차를 의무적으로 거쳐야 했다. 특히 단지 뒤에 있던 '둔촌 습지'를 보존하기 위한 노력은 다방면으로 이어진 것을 확인할 수 있었다. 서울시의 한 부서에서 내놓은 의견이 눈에 띄었다. 보통 다른부서 의견은 '검토 바람', '제시 바람', '추가 바람' 정도로 가볍게 마무리되는데, 자연생태과의 의견에서는 '특히', '또한', '아울러'라며 하나씩 짚어간 부분에서 그 이면에 최선을 다해 애쓰고 있는 한 사람이 보이는 듯했다. 물론 문서에는 부서명만 남았지만, 이 글을 작성한 이가 그저 익명의 누군가가 아닌 둔촌 습지의 중요성을 깊이 이해하고 그것을 지키겠다는 마음을 가진 전문가라는 걸 느낄 수 있었다.

○ 생태계보전협력금 부과에 관한 사항
- 『자연환경보전법』제46조 규정에 의한 서울시 환경영향평가대상 사업의 경우 생태계보전협력금 부과대상이므로,
- 인·허가 등을 한 날로부터 20일 이내에 같은 법 시행규칙 별지 제11호 서식에 따라 인·허가 등의 내용을 생태계보전협력금 담당부서인 우리시 자연생태과로 통보하여야 함(문의 2133-2151)
○ 야생동식물 보호 및 자연생태 보전에 관한 사항
- 「서울특별시 자연환경보전조례」제7조 규정에 의하여 지정된 서울시 생태·경관보전지역(둔촌동)이 인접하여 있어 보전지역에 미치는 환경영향을 정밀 예측하고 저감방안을 강구하여야 함
- 특히, 이들 보전지역은 습지생태계로서 당해 공사로 인해 지하수위가 하강할 경우 습지로서의 기능상실과 생태계 변화가 예상되므로 이에 대한 근본적인 대책 강구가 필요하여
- 지난 2012.9.5.에 둔촌주공(아) 재건축 환경영향평가서 작성시 둔촌동 습지의 영향 최소화 방안이 반영될 수 있도록 기 요청(자연생태과-12898. '12.9.5)한 바 있으나,
- 제출된 환경영향평가서에서는 모니터링을 통한 수위변화관찰과 토사유출 저감만이 계획되어 있어 근본적이고 구체적인 방안의 강구

필요 함.

- 또한, 오색딱다구리 등 보호종을 비롯한 다양한 조류의 서식지 보호
와 야생 동·식물의 훼손이 발생하지 않도록 야생 동·식물 보호대책을
강구 바람

- 아울러, 공사로 인한 소음·진동 및 토사유출 등으로 보전지역 및 주
변 생태계에 미치는 영향이 없도록 조치 바람

「둔촌주공아파트 주택재건축정비사업 환경영향평가서 초안 검토의견」, 강동구청장, 2014.1.6.

안타깝게도 재건축 조합에서는 둔촌 습지를 지키기 위한 제대로 된
대안을 마련하지 않고 끝까지 동문서답을 이어가며 모르쇠로 버텼다.
저 글을 쓴 이가 조합의 그런 태도를 계속 마주하고 있어야 했다면
어떤 마음이었을까? 분노와 허탈함, 그리고 무력감이 크게 들었을 것
같다. 그럼에도 자신의 자리에서 할 수 있는 일을 해보려 애쓴 이들의
노력이 이렇게 기록으로 남아있었다. 그 기록을 통해 수년 후에 내가
다시 그 내용을 살펴보고 있었고, 또 그것을 다른 기록으로 남기는 지금
이 원고가 이어지고 있다. 마치 꺼져가는 불씨를 살려서 이어가려는
릴레이처럼 느껴진다. 기록으로 남은 그분의 노력을 보고 내가
허무와 우울을 이겨낼 용기를 얻었던 것처럼, 내가 남기는 기록이 또
누군가에게는 다른 방식의 응원이 될 수 있을 것이다. 그런 게 기록이
갖는 힘이고 가치일 거라고, 기록을 남겨 놓은 누군가의 노력 역시
헛되지 않다는 생각을 해보곤 했다.

대학원에 입학해서 첫 학기부터 일부러 조경학과 수업을 찾아

들으러 갔다. 둔촌 습지 보존에 앞장선 교수님의 제자이자 둔촌 습지
보존에도 함께 큰 역할을 하신 한봉호 교수님의 수업을 들어보고
싶었기 때문이었다. 교수님은 환경영향평가 같은 이런저런 중요한
외부 심의에도 참여하느라 바쁘셨다. 하지만 한 분야에서 깊이 공부한
사람이 사회에서 이런 역할도 열심히 해야 하는 게 당연하다며
말씀하셨다. 자신이 중요하다고 믿는 가치가 세상에도 정말 필요한
일이라면 세상이 완전히 반대의 방향으로 흘러가더라도 그 믿음을
지켜내려 애쓰는 것은 분명히 의미 있다고 이야기 해주셨다.
나중에라도 세상의 문제가 심각해져서 사람들이 다른 길을 찾고
싶어졌을 때, 되돌아볼 지점을 만들어 두는 것만으로도 의미 있다고.
그리고 그렇게 아닌 길을 다 가보고 나서야 세상은 새로운 길로 접어들
수 있을 거라고 말씀하셨다. "그 나중이 언제쯤일까요?"라고 여쭤봤다.
30년인지 아니면 40년인지 정확히 기억나진 않지만, 당장 변화가
만들어지기를 바라던 당시의 나에게는 절망으로 느껴질 정도로 정말
까마득하게 긴 시간을 말씀하셨다. 둔촌주공아파트의 생애 40년을 다
훑어보고 나니, 그런 큰 변화는 정말로 삼사십 년 정도는 시간이 걸려야
만들어질 수 있을 것 같다. 다행인 건 이제는 그 시간이 그리 절망할
만큼 긴 시간으로 느껴지지 않는다. 결국에 새로운 길을 찾게 된다는
믿음만 있다면 버텨볼 만한 시간이 아닐런지 싶다.

　　긴 시간이 흐른 후, 새로 지어진 아파트 단지에서 태어난 아이들은
자신들이 사는 환경 이전이 어떠했는지 당연히 알 수가 없을 것이다.
오래전 원래 이 자리에 있던 푸르른 나무와 사람들의 삶은 당연히 모를

것이다. 어떤 맥락으로 이런 세상이 만들어졌고, 그 과정에서 어떻게
불평등이 심화하게 된 건지, 자신이 가진 것이 온전히 자신의 노력으로
이루어진 것이 아니라는 사실을 알지 못할 수 있다. 내가 그랬던 것처럼
말이다. 나중에 혹시라도 새로운 방향의 전환을 원하게 될 때, '그런
길도 있었다던데…'라며 예전의 사례를 궁금해하는 이들도 생기지
않을까 하는 마음으로 둔촌주공아파트의 이야기를 기록으로 남겨두려
애썼다. 풀숲에 뒤덮인 길처럼 찾기 어려워도, 다시 시작해 볼 새로운
원점 같은 게 될 수도 있지 않을까. 그리고 길은 사람들이 계속 걷다
보면 넓어진다는 이야기를 믿고 싶다.

끝없이 사라지는

<안녕,둔촌주공아파트> 프로젝트를 이제 막 시작했을 무렵,
SNS에서 오래전 둔촌주공아파트가 지어졌을 당시의 사진을 본
적이 있다. 소가 밭을 갈고 있는 전경 뒤로 저 멀리 아파트 단지가
넓게 펼쳐져 있는데, 바로 한눈에 알아보았다. 이건 둔촌주공아파트!
오래된 흑백사진 속에서도 내가 아는 얼굴을 한 번에 발견해 내듯
처음 보는 사진 속 둔촌 주공의 모습이 익숙하고 반가웠다. 또 다른
사진에서는 저 멀리 들어선 새 아파트 단지를 물끄러미 바라보고 있는
아낙네들의 뒷모습이 담겨있었다. 그들이 바라보고 있던 아파트도 역시
둔촌주공아파트였다. 둔촌주공아파트가 이런 각도로 보이려면 어느
위치에서 사진을 찍었을까? 지도를 펼쳐 두고 궁리해 보기도 했다.
둔촌주공아파트의 삶이 이제 막 시작되던 초창기 사진을 발견한 게

정말 기뻤다. 반가운 마음에 SNS에 신나게 글을 썼고, 다른 분들도
"우와! 신기하다!"라며 반가워했다.

　　그 사진을 찍은 이의 시선과 마음이 어땠을지 생각하면서 그
사진을 다시 보게 된 건, 둔촌주공아파트가 철거되어 사라지고 있던
무렵이었다. 둔촌주공아파트에 관한 기록 자료를 닥치는 대로 모으고
있을 때였다. 예전에 보았던 사진들이 떠올라 다시 검색해서 작가의
성함과 사진집 제목을 알아냈다. 사진작가 김기찬의 작업이었고,
그 사진들은 사진집『잃어버린 풍경』에 담겨있었다. 잃어버린
풍경이라니⋯. 내가 사랑했던 둔촌주공아파트를 잃어버리고 나서야 그
이전의 풍경을 잃어버린 이들의 마음을 겨우 헤아려 보게 되었다. 책은
절판된 상태였고, 중고 서점에도 없었다. 인터넷으로 중고 서적을 잘
찾아 구입하는 친구의 도움으로 어렵게 딱 한 권을 구했다. 사진집을
펼치고 서문을 읽는데 눈물이 났다.

"멀리서 아파트가 쳐들어오고 있었다. 새벽 별이 지면 동이 트던 동산
도 아파트에 가려졌다. 해 지던 서산은 괴물 같은 기계 덩어리가 갈아
뭉개 버렸다. 나는 그날 망부석의 소리 없는 죽음을 보고 잠실 주변이
도시화해 가는 모습을 기록하기로 마음먹었다. 더군다나 서울 88올림
픽이 결정된 후 그 속도는 더해 가고 있었다. 세월이 가면 모든 것이 자
연스럽게 변하고 사라질 것인데 아름다운 것을 아름답게 보존할 수는
없는 노릇인가." 김기찬, 『잃어버린 풍경 1967-1988』, 눈빛, 2004

새벽에 뜬 별이 지면 동이 트던 동산은 아마도 동쪽에 있었을 거다. 그 동쪽에 있던 아파트가 둔촌주공아파트였을까. 그가 사랑했던 풍경을 깔아뭉개버린 것이 내가 사랑한 아파트였을지도 모른다고 생각하니 어쩐지 미안했다. '아름다운 것을 아름답게 보존할 수 없는 노릇인가' 라는 질문은 나도 그동안 내내 해오던 한탄이었는데, 그의 목소리를 접하고 나니 내가 할 한탄은 아니었단 생각이 들었다. 그가 슬퍼했을 풍경을 보며 나는 반가워했다는 이 아이러니에 대해 자꾸 생각하게 되었다.

그의 다른 사진집『그 골목이 품고 있는 것들』의 서문에서 그는 서울을 고향으로 받아들이면서부터 사진을 남기기 시작했다는 이야기를 꺼낸다.

> "내가 서울의 골목을 프레임에 담기 시작한 것은 서울을 고향으로 받아들이면서부터이다. 국제적인 메트로폴리스가 된 서울을 고향으로 가지고 있는 사람들의 소회는 단순할 수가 없다. 왜냐하면 서울은 지난 몇십 년 사이 개발이라는 이름으로 몰라보게 탈바꿈했기 때문이다. 언제나 온전하고 넉넉한 품으로 고향을 찾아오는 이들을 맞이해야 하는 것이 고향의 미덕인데 서울은 그렇지 않았다. 낯설고 이질적인 표정을 보여 줬을 뿐이다. 나는 고향을 떠난 적이 한 번도 없는데, 고향이 점점 나를 떠나고 있다는 느낌은 무척 괴로운 것이었다. 그때마다 느끼는 자괴감과 아쉬움이 골목을 누비는 내 발걸음과 셔터를 누르는 내 손을 바쁘게 움직였던 것 같다. (후략)" 김기찬, 황인숙,『그 골목이 품고 있는 것들』, 샘터, 2005

<안녕,둔촌주공아파트>를 진행하는 동안의 나의 마음도 그가
이 서문에서 밝힌 마음과 다를 게 없었다. 낯설고 이질적인 모습으로
변해가는 고향을 지켜보는 일은 무척이나 괴로웠다. 그리고 그 자리에
더 높게 들어선 새로운 아파트 단지를 멍하니 쳐다보게 되곤 했다. 그의
사진에서 보았던 뒷모습처럼 말이다. 참 이상하지. 몇 년이나 지났다고
이 자리에서 이런 자괴와 아쉬움이 똑같은 모습으로 반복되는 걸까.
부수고 슬퍼하고 그리워하고, 짓고 살아가고, 다시 부수고 슬퍼하고
그리워하고…. 어쩌면 자연스러운 흐름 같지만, 한 세대에 한 번 혹은 그
이상으로 여러 번 겪게 되는 건 아무래도 이상하다.

프로젝트를 진행하며 많은 사람을 만났다. 가장 가까이에는
나와 함께 둔촌주공아파트의 사라짐을 지켜본 사람들이 있었고 다른
지역의 '주공 키즈들'도 많이 만났다. 함께 기록하고 기리는 시간이,
함께 슬퍼하던 이들이 서로에게 위로가 되어주기도 했다. 다만 비슷한
시기에 지어진 전국의 주공아파트가 비슷한 시기에 재건축의 파도를
맞으며 비슷한 기록들이 이어지다 보니 이런 상실이 마치 주공아파트
사람들만 겪은 상실처럼 과대포장 된 것도 없지 않은 것 같다.

북 토크 같은 자리에서 사람들과 이야기를 나눠보면, 예전에 살았던
동네에 다시 가보았다는 이야기를 들려주는 이들이 정말 많았다.
이제는 남의 집이 된 곳이지만 한 번만 다시 들어가 보고 싶었다는 이도
있었고, 예전에 살던 집이 허물어지는 장면을 봐버려서 그 뒤로는 그
길로 가지 못했다는 이도 있었다. 그동안 살았던 모든 집이 사라졌다는
분도 있었다. 세대를 거슬러 올라가 보면 댐 건설로 마을 전체가 일시에

수몰되었다는 분도 있었고, 전쟁 때 고향을 떠나오셨다는 분도 있었다. 우리 사회에서 이런 고통을 겪지 않는 이가 있을까 싶을 정도로 너무 많은 실향의 사연들이 지난 수십 년간 이어지고 있다. 그리고 어쩌면 그동안 무수히 많은 이들이 고향을 잃어버리는 과정에서 그저 혼자 슬픔을 삭이며 버텨야 했던 것이 사람들에게 상처로 남았을 것 같았다.

이미 세상에는 수많은 실향의 사연이 가득했는데 뒤늦게 고향의 상실을 이야기했던 <안녕,둔촌주공아파트>가 참으로 나이브한 중산층의 실향가 같다는 생각이 들기도 했다. 그래도 이렇게 반복되어 온 상실도 한 번쯤 다 함께 위로하고 제대로 기리는 모습을 우리 사회에서도 볼 수 있었으면 하는 마음이 들었다. 그나마 대단지로 묶인 집과 동네가 덩어리가 너무 커서 변화의 파도가 몰아칠 때도 오랫동안 변하지 않고 같은 모습으로 그 자리에 머물 수 있었던 거였다. 변화의 흐름도 느릴 수밖에 없었고, 고향이 사라질 때도 여럿이 함께 위로할 수 있었던 걸 생각해 보면 그 역시 감사한 일이다. 다행히도 우리가 사랑하는 공간을 함께 기록하고 기리며 잘 떠나보내는 모습을 보고 자신이 홀로 감당해야 했던 지나간 상실의 시간을 위로받는 것 같다고 이야기해 주시는 분들도 있었다.

어쩌면 세상이 끝없이 사라지는 건, 우리를 어디에도 깊이 뿌리내리지 못하게 만들려고, 우리를 계속 무기력하게 만들려고 그러는 게 아닐까 싶다. 그럴수록 우리는 서로를 붙잡아주고 안아주어야 한다. 세상을 들여다보면 위로가 필요한 이들이 너무 많다.

유난스러운 마음의 뿌리

인터뷰 때마다 프로젝트를 시작하게 된 사연에 대한 질문은 거의 매번 받게 된다. '어떻게' 시작하게 된 건가를 물어볼 때면 답하는 게 그리 어렵지 않다. 재건축을 앞둔 상황과 그곳이 내 고향이라는 이유, 그리고 앞서 소개했던 <미래에의 기억>처럼 영향을 받은 레퍼런스를 소개해 드리면 다들 답변이 충분하다고 여기시는 편이었다. 그런데 '어떻게'를 넘어서 '왜' 시작하게 된 건지를 물으면 이걸 어디부터 어디까지 이야기해 드려야 좋을지 너무 막막하게 느껴지곤 했다. 겉으로 드러난 줄기 밑으로 이어진 뿌리를 타고 들어가다 보면 결국 너무 깊이 파고 들어가게 되기 때문이다. 심지어 "언제부터 아파트를 고향이라 여기게 된 건가요?"까지 물어보신다면, 이건 마치 홍시 맛이 나서 홍시라고 생각한 것을 어찌 홍시라 생각했느냐고 물어보는 것 같았다. 나에겐 평생 너무 당연한 생각이었으니까 말이다. 그래도 그런 질문을 받으면 나도 한번 다시 생각해 보게 되곤 했다.

일단 가장 가까운 과거로 돌아가, 겉으로 드러난 줄기에서 뿌리로 넘어가는 중간쯤인 이 프로젝트를 시작하던 2012년쯤을 떠올려 보면 이렇다. 그때도 이미 둔촌주공아파트가 곧 재건축될 거란 얘기가 나온 지 이미 10년이 훌쩍 지난 시점이었다. 잠시 이모네에서 같이 살다가 이사를 나오게 되면서 둔촌주공아파트가 사라지기 전에 뭐라도 기록해 두고 싶다는 생각으로 무작정 사진을 찍어둔 게 2009년이었으니, 그로부터도 그새 3년쯤 시간이 더 지나있었다. 시간이 얼마 남지 않았으면 어떡하나 걱정되어 여전히 그곳에 살고 있던 친구에게 재건축 진행 상황을 물어봐도 어떻게 돌아가는지는 잘 모르겠다고 했다. 본격적으로 기록을 시작하지 못해서 마음은 점점 더 조급해졌지만, 그때 나는 그저 하루하루 버티기도 쉽지 않던 광고회사 대리 3년 차였다.

여러 회사가 함께 참여하는 큰 프로젝트의 입찰 제안서를 마무리하는 시점에는 퇴근을 거의 하지 못했다. 한번은 꼬박 28시간을 일했다. 그냥 깨어있는 정도가 아니라 그 시간 내내 일했다. 책상에 붙어 앉아 각각의 회사에서 작성한 제안서 내용을 취합하고 정리해야 했다. 그다음 프로젝트 때는 최대 연속 근무 시간 기록이 더 늘어서 꼬박 36시간을 연속으로 일했다. 국장이라는 사람은 제안서 인쇄와 제출은 자기가 맡겠다며 그제야 나섰다. 그러면서 너무 고생했으니 이번 주 남은 날들은 그냥 출근하지 말고 집에서 푹 쉬라는 얘기를 대단한 배려라도 하는 듯이 이야기했다. 집에 돌아와 누웠는데 너무 피곤해서 바로 잠들지 못했다. 속이 울렁이며 어지럽고 온몸이 웅- 웅- 울리는 듯 저렸다. 금요일 저녁까지도 제대로 일어나지 못했다. 그나마 정신이 든 건 일요일 아침이었다. '와- 이러다가 정말 죽을 수도 있겠구나' 싶었다. 그리고 다음 주에 다른 광고회사에서 나와 비슷한 일을 하던 내 또래의 대리가 돌연사했다는 이야기를 전해 들었다.

그게 정말로 나였을 수도 있었다. 만약에라도 내가 일을 하다가 갑자기 세상을 떠난다면, 나조차도 전혀 공감되지 않는 사업 비전과 목표와 전략과 세부 계획으로 빼곡한 그 보고서가 내 마지막 유작이 되어버린다면, 내가 만들고 있던 수백 페이지짜리 보고서를 우리 부모님이 보시게 되면 어떻게 하나. 그 보고서가 아니라 이런 생각을 하면서 사는 게 진짜 나라는 사람이라는 증거를 남겨두고 싶었다. 아주 작고 미약한 이야기라 할지라도 내가 진짜 하고 싶었던 이야기를 시작해야 했다. 내 딸은 이런 생각을 하던 사람이었구나, 그래도 자기가 하고 싶은 걸 하며 살다 떠나서 다행이구나, 그렇게라도 생각할 수 있어야 하지 않을까. 그런 생각으로 오랫동안 미뤄왔던 둔촌주공아파트의 기록을 본격적으로 실천에 옮기게 된 게 2012년 겨울이었다.

인생이 뭔가 잘못된 것처럼 흔들릴 때, 내가 정말로 하고 싶은 이야기로 '집'을 떠올리게 된 건 나로서는 자연스러운 일이었다. 나는 아주 어릴 적부터 집과 공간에 관심이 있었다. 초등학생 때부터 엄마가 보시던 일본 인테리어 잡지를 보며 간단한 도면 읽는 법을 배워서 스케치북에 도면을 그리며 놀았다. 아주 잠깐이지만 멋진 공간을 만드는 건축가가 되고 싶었던 적도 있었다. 하지만 성수대교와 삼풍백화점의 붕괴 사고가 연이어 터지면서 바로 건축가의 꿈은 일찌감치 포기했다. 하지만 나는 여전히 집과 공간에 관한 이야기가 좋았고, 주변 환경을 관찰하는 것을 좋아했다. 대학에서도 디자인과 주거환경학을 공부하였다.

대학을 졸업하고 광고회사에 다니기 전에는 건축자재 회사에서 인테리어 디자인 트렌드 리서치 업무를 맡았었다. 회사의 주요 고객인 건설사에서 만들어 내는 주거 상품을 조사하고 분석하는 일도 트렌드 리서치의 중요한 업무 중 하나였다. 2007년부터 2009년 사이에 분양한 주요 건설사의 모델하우스는 거의 다 가봤다고 자신할 만큼 열심히 일했다. 당시에도 재건축 단지의 모델하우스에 가보면 다 낡은 성냥갑 아파트가 최고급 명품 아파트로 재탄생한다면서 한껏 들뜬 분위기였다. 그런데 모델하우스에서 내가 보게 되는 것은 엄청나게 큰 꽃무늬의 포인트 벽지와 다마스크 패턴의 금빛 아트월이었다. 가전이 예술이 된다면서 자줏빛 혹은 검은색 냉장고와 에어컨에 스와로브스키 크리스털을 박아 넣던 시절이었다. 아아 제발…. 한국 디자인계의 흑역사라고 해도 과언이 아닌 시절이었고, 그런 모습을 보며 '둔촌주공아파트도 재건축한다던데, 그러면 거기도 이 꼴이 나는 건가' 싶은 생각이 드는 건 어쩌면 자연스러운 흐름이었다.

한번은 건축 외장 트렌드를 담당하는 직원을 따라 신축 단지를 답사한 적이 있었다. 신축이니 깨끗할 거라 기대했던 단지 안에는 입주도 하지 않은 새집에서 뜯어낸, 한 번도 사용하지 않았는데 바로 쓰레기가 되어 버린 폐자재들이 가득 쌓여있었다. 모델하우스를 만들어 집을 판매하는 시점과 집이 지어져서 입주하는 시점이 몇 년씩 차이 나는 선분양의 폐해를 눈앞에서 보게 된 것이었다. 집주인의 취향과 안 맞아서 그런 것도 있겠지만, 몇 년 사이에 인테리어 트렌드가 달라지는 것도 문제였다. 도대체 왜 '집'이 그렇게 매년 달라져야 하는 걸까? 트렌드 리서치 업무에 점차 환멸을 느끼고, 마침 이직 기회가 닿아서 옮긴 곳이 바로 앞에서 말한 광고회사였다. 거기서는 조금 더 기획 쪽의 일을 할 수 있어서 재미는 있었지만, 심신의 건강을 잃었다.

이런 나의 지난 경험들은 <안녕,둔촌주공아파트>를 시작하게 된 배경을 설명하는 정도로는 부연에 조금 도움이 되는 듯하다. 하지만 프로젝트를 10년 가까이 이어가다 보니 나조차도 잘 이해되지 않는 지점들이 있었다. 단지 '좋아했다' 혹은 '관심 있었다' 정도로 이렇게 10년이나 둔촌주공아파트에 '집착'하게 만드는 강한 애착이 형성될 수 있는 것인가? 내가 봐도 내 마음이 조금 유난스럽다는 걸 받아들일 수밖에 없었다. 무엇이 나를 이렇게 만든 걸까? 이 질문에 답하기 위해서는 나도 오랫동안 진지하게 고민할 수밖에 없었다.

한편으로는 이렇게 현실감각 없는 나이브한 태도는 집안 내력일 수도 있겠단 생각도 들었다. 부동산 왕국이라 불리는 한국 사회에서 이럴 수 있나 싶을 정도로 우리 집안에서는 친가와 외가 모두 통틀어서 '돈을 벌기 위해' 집을 산 사람이 없었다. 다들 그저 살기 위해 집을 샀고, 한번 산 집에서 쭉 오랫동안 살았다. 시간이 흘러 나이가 들면서 동네가 복잡해지는 게 싫다며 다들 자연이 가까운 곳으로 이사했다. 서울 강남에 오랫동안 살았던 고모도 용인으로 내려가셨다. 다들 그렇게 '조용하고 살기 좋다'를 동네 고르는 가장 중요한 조건으로 꼽으며 정릉, 양평, 속초, 제주도 같은 곳으로 자리를 옮기셨다. 그렇다면 나 역시 그렇게 훌쩍 떠나도 될 텐데, 나는 왜 그러지 못하고 둔촌에 집착하는 걸까? 집안 내력으로 지난 나의 10년을 설명하기에는 아무래도 약하다. 이건 아무래도 나라는 사람 개인의 과거를 파고들어 봐야 하는 문제 같았다.

나는 태생적으로 나만의 공간이 필요한 아이였다. 하지만 어릴 땐 할머니와 함께 살아서 나만 내 방이 없었다. 책상은 오빠 방의 붙박이장에 넣어두고 썼고, 잠은 할머니 방에서 잤다. 내가 초등학교 고학년이 되었을 즈음 할머니가 단지 안에 작은 집을 구해서 따로 나가 사시면서 뒤늦게 내 방을 갖게 되었다. 그 방은 나에겐 애니메이션 영화 <인사이드 아웃>에 나오는 '빙봉' 같은 존재였다. 그 방 안에 혼자 틀어박혀서 노는 걸 좋아했다. 물론 방문을 열고 나오면 평온한 가족의 일상이 이어지는 것도 좋았다. 내 주위에 켜켜이 둘러쳐진 울타리가 나에게 안전하고 편안하게 머물 수 있는 영역을 만들어 주는 것 같았고, 그중 가장 깊숙한 곳에 '내 방'이 있었다.

그렇게 살아온 나에게 중학교 3학년 시절에 겪은 이사는 그 안정감을 빼앗기는 원치 않던 생이별이었다. 이사하던 날, 나의 방에게 어떻게든 꼭 다시 돌아오겠다고 이야기하며 울었다. 고등학교는 이미 둔촌동으로 배정을 받아놓은 상태라 그 뒤로 나는 서울과 경기도의 경계를 넘어 다니며 통학해야 했다. 대학은 더 멀리 신촌으로 다니게 되면서 매일 왕복 3~4시간을 이동하며 보내야 했다. 길에서 오랜 시간을 보내야 하는 생활을 하는 동안 나는 어디에도 온전히 속하지 못하는 느낌을 자주 느끼곤 했고, 그 시절 내내 둔촌주공아파트를 그리워했다.

그런데 그 방을 떠나던 순간은 다 큰 어른이 되어서까지 나의 '눈물 버튼'으로 남아있었다. 라야님과 함께 진행한 <안녕,둔촌x가정방문> 작업에는 나를 인터뷰하는 내용도 담겨야 했는데, 그 옛날에 이사하던 상황을 이야기하다가 내가 갑자기 울어버리고 만 것이다. 라야 씨도 놀랐겠지만, 나도 너무 충격이었다. 아니, 이게 이럴 일인가! 너무 뜬금없고 유난스러워서 정말 부끄러웠다. 그 뒤로 한참 동안 도대체 그때 왜 그렇게 눈물이 났는지를 생각해 보곤 했다. 그리고 깨달은 건, 그런 속마음을 입 밖으로 꺼내 본 게 그때가 처음이었다는 것이었다. 오랫동안 꽁꽁 싸매어 둔 힘들었던 감정이 눈물과 함께 갑자기 터져 나왔던 거였다.

조금 늦었지만, 어렸던 그 시절의 내 마음을 오랫동안 들여다보며 위로해 주었다. 그런데 한 가지 신기한 건, 내가 <안녕,둔촌주공아파트> 를 시작할 때 이미 둔촌주공아파트를 떠나봐서 이곳이 사라지면 얼마나 슬플지를 미리 알고 있었던 것처럼, 중학교 3학년에 이사할 때도 나는 내가 둔촌주공아파트를 떠나 낯선 곳에 적응하는 일을 얼마나 힘들어할지, 익숙한 이곳을 얼마나 그리워할지를 이미 알고 있었다. 그랬기에 그토록 떠나기 싫어하고 슬퍼했던 거였다. 나는 그걸 어떻게 미리 알고 있었을까? 좀 더 어린 시절의 기억을 파고 들어가 보다가 문득 내가 '고향'이라는 말의 뜻을 알게 된 순간이 떠올랐다.

아주 어릴 적에 외가 친척들이 모두 모이면 저녁을 맛있게 먹고 한참 놀다가 <주말의 명화> 같은 TV 프로그램에서 해주는 외화를 보곤 했다. 보통은 너무 어렵고 지루해서 보다가 잠들곤 했는데, <바람과 함께 사라지다>는 주인공인 스칼렛 오하라 역의 비비안 리와 그녀가 입고 있던 드레스가 너무 예뻐서 무슨 내용인지 이해하지 못하면서도 계속 봤던 모양이다. 그러다가 그녀가 자신의 고향인 '타라'로 돌아가겠다고 다짐하는 장면에서 곁에 있던 친척 어른에게 타라가 뭔지 물어봤다.

"타라가 뭐예요?"
"타라는 저 사람의 고향이야."
"고향이 뭐예요?"
"고향은 태어나고 자란 곳이란 뜻이야."
"그럼 내 고향은 둔촌동이네?"
"하하, 그렇게 볼 수도 있겠구나."

아파트 단지가 우리 사회에서 얼마나 부정적으로 받아들여지는지 전혀 알지 못한 어린 시절에 어떤 선입견도 없이 둔촌주공아파트가 나의 고향이라는 연결고리를 만들어 둔 것이다. 그래서 서른 넘어서도 이렇게 순수한 혹은 너무 나이브한 관점으로 프로젝트를 시작할 수

있었던 것 같다. 그런데 그때 이미 내 고향이 둔촌동이라는 사실에
크게 기뻐했던 걸 보면, 나는 그 이전부터 둔촌주공아파트를 좋아하고
있었던 것 같다. 아직 가장 깊숙한 기억까지는 닿지 않은 것 같았다.

　　계속해서 생각하다가 마침내 여기가 끝일 것 같은 지점을 찾아냈다.
우리 가족은 내가 만 4살이던 1986년에 잠시 캐나다에 가서 살았다.
그리고 1988년 4월에 다시 한국으로 돌아왔다. 김포공항에서 차를
타고 동쪽으로 한참을 달려 둔촌동에 도착했을 때, 밖은 이미 어두웠다.
누군가가 "집에 왔다"라고 이야기했다. 차에서 내려 어두운 밤에도
밝게 빛나던 하얀 아파트 건물을 바라봤을 때, 내가 그 건물을 한눈에
알아보았던 기억이 난다.

　　　'내가 아는 곳에 다시 돌아왔구나!'

　　그렇게 아는 건물을 다시 만나 느낀 그 순간의 안도감은 매우
강렬했다. 그땐 아마 고향이라는 말은 아직 모를 때였겠지만, 고향에서
느낄 수 있는 그 느낌을 받았던 것은 확실하다. 그 기억이 또렷하게
나의 마음 한구석에 남아있었다.

　　캐나다에서 지낸 기간은 그리 길지 않았지만, 말이 전혀 통하지
않는 낯선 환경에서 적응하는 일이 어린 꼬마에게 쉽지 않았던
모양이다. 어린 시절에는 낯도 많이 가리고 조용하고 내성적인
편이었으니 아마 더 그랬을 것 같다. 그렇게 아주 어린 꼬마였을 때부터
나는 이미 마음을 놓을 수 있는 곳으로 돌아가고 싶은 마음을 품게

되었나 보다. 그런 '두려움'이라는 감정이라면 지난 10년 동안 나를
움직이게 한 근원적인 동력이라고 설명해도 말이 되는 것 같다.

　지금의 나를 아는 이들이라면 아마 믿지 못하겠지만, 사실 나는
낯선 환경에 적응하는 힘이 약하고, 그래서 변화에 대한 두려움을 유독
크게 느끼는 편이다. 게다가 사실 기억력이 별로 좋지 않은 편이어서
모든 것이 사라지면 아무것도 기억하지 못 할지도 모른다는 두려움도
컸다. 아마도 그런 약점을 극복하느라 그동안 살면서 더 애써서
적응하는 힘을 키우고, 소중한 걸 기록하려 애써왔던 것 같다. 하지만
뿌리 깊게 남아있는 두려움이 완전히 사라지지는 않았던 모양이다.

　가장 깊고 오래된 감정의 뿌리까지 짚고 나니 그동안 살아오면서
내가 했던 고민과 결정, 그러니까 나를 좀 더 이해할 수 있게 되었다.
둔촌주공아파트를 떠난 후에 다시 나를 지켜줄 보호막과 울타리를
내내 갖고 싶어 했던 것도, 틈만 나면 어떻게든 둔촌주공아파트로
다시 돌아가려 했던 것도, 재건축이 다가오는 게 그렇게나 두려웠던
것도 이제는 다 이해할 수 있게 되었다. 나는 그만큼 마음을 놓을 곳,
안정감이 절실하게 필요했던 거였다. 둔촌주공아파트에 대한 나의
사랑이 유독 유난스러웠던 건 아마도 그래서가 아닐지 싶다. 어쩌면
나는 나를 위로하기 위해, 나를 안심시키기 위해 이 모든 일을 10년이나
끌고 온 건지도 모르겠다.

어디에서 살아야 할까

2014년에 둔촌주공아파트로 다시 돌아올 때는 결정이 정말 쉬웠다.
평생 돌아가고 싶은 곳은 늘 명확했으니. 그런데 이제 삶의 원점이 곧
사라질 예정이었다. 원점을 잃는다고 생각하니 이다음에 어디를 향해야
할지 감도 잡을 수 없었다. 삶의 방향을 잃은 것 같았다. 그래서
'어디에서 살 것인가'라는 질문은 한동안 나의 화두였다. 이 질문은
'어떻게 살 것인가'에 대한 고민과 자연히 닿게 된다. 2015년 여름
회사를 그만둔 뒤로 나는 어디에도 속하지 않은 개인이었다. <안녕,
둔촌주공아파트> 프로젝트를 진행한다는 것 외에는 딱히 무엇을 하는
사람이라고 할 것도 없었다. 고려해야 할 변수가 너무 없는 것도 선택을
어렵게 만든다는 걸 처음 알았다. 당시의 나는 어디에 살아도 상관이
없는 상태였다.

그렇다고 아무 데서나 살고 싶진 않았다. 어떤 환경에 나를 놓아두어야 가장 행복한지를 이제 너무 명확히 알아버렸기 때문이다. 둔촌주공아파트에 다시 돌아왔을 때, 나는 내가 왜 이곳을 이토록 좋아하는지, 구체적이고도 명확한 이유를 찾아내려 애썼다. 그것을 알아야만 아무 데가 아닌, 내가 행복할 수 있는 곳을 찾아 이동할 수 있으리라 믿었다. 재건축이 다가오고 있으니 주어진 시간 안에 문제를 풀어야 하는 것처럼 조급했다.

내가 찾아낸 나에게 가장 중요한 조건은 '녹지'와 '조용한 곳'이었다. 기왕이면 마음껏 돌아다닐 수 있는 넓은 녹지 곁에서 살고 싶었고, 기왕이면 '평지'에 살고 싶었다. 얼핏 보면 너무 뻔한 조건이라 생각할 수도 있다. 녹지 많고 조용하고 평지인 동네를 안 좋아하는 사람은 없을 것 같기도 하다. 하지만 집을 알아볼 때 그것을 최우선으로 생각하는 이는 흔치 않다. 사람들이 집과 동네를 고를 때 자주 언급하는 단어들인 '역세권, 학군, 입지, 대단지, 뷰, 미래가치, 환금성' 같은 것과 비교해 보면 내가 꼽은 3가지 조건은 나름 독특한 구석이 있다.

<안녕,둔촌주공아파트>만 끝나면 어디에 살아도 상관이 없는 상태가 될 예정이었던 나는 이런 조건에 딱 맞는 지방의 한 소도시로 삶의 터전을 옮기는 것도 진지하게 생각했었다. 연고가 전혀 없는 곳이었지만, 잠시 들렀는데도 '여기다!'라는 느낌을 받았기 때문이었다. 하지만 당시에는 운전 면허도 없어서 홀로 외딴 지방에서 생활하는 게 자신 없기도 했다. 어쨌든 둔촌주공아파트에서 마무리할 일이 바로 다 끝나는 것도 아니니 당장은 서울에 붙어 있을 곳을 찾아야 했다. 내가

꼽은 조건들을 다시 보니 나는 서울 같은 메트로폴리스에서 전원생활을
갈망하고 있는 것 같았다.

습관처럼 네이버에서 지도와 부동산 페이지를 펼쳤다. 지도에서
내가 유심히 살펴본 것은 '초록색'으로 표시되는 공원과 '파란색'
으로 표시되는 대학교 캠퍼스였다. 도시에서 넓은 공간에 녹지가
많은 곳으로 꼽을만한 두 곳이었다. 그리고 지도 설정을 '지형 지도'로
바꿔서 짙게 칠해진 가파른 경사가 없는 지역을 찾았다. 그런데 집값이
너무 오르고 있었다. 시간이 갈수록 같은 값으로 살 수 있는 집의
컨디션이 뚝뚝 떨어졌다. '이 돈으로 지방 가면 어느 정도 집에서 살 수
있나?'라는 생각으로 자꾸 빠져서 그만 전국 팔도 온 동네의 시세와
매물을 구경하며 살펴보기도 했다.

그래도 2016년 겨울에 서울시립대학교 대학원에 가는 게 결정이
되면서 '서울의 동쪽' 지역에 붙어 있어야만 할 이유가 하나 더 늘었다.
덕분에 선택지가 조금 좁혀질 수 있었다. 한결 마음이 놓였다. 하지만
둔촌주공아파트의 재건축 이주 기간 다가올수록 강동구와 송파구,
그리고 하남시까지 전셋값이 폭등했다. 부동산에서 집을 보여주면서도
차마 이런 집에 이 돈 주고 들어가라고는 못 하겠다며 고개를 저었다.
꼭 이 근처에 머물러야 하는 게 아니면 다른 곳을 구해보라고 하셨다.
그래서 찾아간 곳이 한강 너머 광진구였다.

광진구에는 지도에 초록색으로 표시되는 어린이대공원과 파란색으로 표시되는 건국대학교가 있다. 위치도 둔촌주공아파트와 서울시립대학교 중간쯤이었다. 이래저래 나에게 딱 맞는 위치였다. 바로 부동산을 찾아갔다. 어떤 집을 찾냐는 질문에 "단 한 그루라도 좋으니, 창밖으로 나무가 보이는 집이었으면 좋겠어요."라고 얘기해 봤지만, 그런 조건은 사장님 귀에 입력조차 되지 않았다. 사장님이 보시는 부동산 매물 정보에도 창밖으로 나무가 보이는지를 따로 적어둔 건 없었다. 그래도 거실이든 방이든 아니면 다용도실에 작은 창문에서라도 '뷰'라고 부를만한 전망이 있으면 어떻게든 사진을 찍어 놓거나 언급해 놓던데, 내가 찾는 가격대의 집에는 그런 것도 없는 듯했다. 보여주시는 집들은 하나 같이 아쉬웠다. 사장님은 이 집이 뭐가 좋은지 열변을 늘어놓으셨다. 방 하나가 아주 작아도 어쨌든 쓰리룸이라던가 큰 마트가 코앞이라던가 하는 이야기였지만, 그런 거 말고 나무 한 그루를 찾는 소비자의 니즈와는 전혀 맞지 않는 조건이었다.

부동산을 바꿔가며 몇 차례 집을 더 보러 왔다. 그래도 처음 왔을 때보다는 동네에 조금 익숙해진 것 같았다. 조금씩 동네의 귀여운 면이 보이기 시작했다. 동네 구석구석 작은 카페나 가게들도 있었다. 건물 벽을 따라 쭉 세워둔 오래된 화분도 있었고, 애매하게 남은 자투리땅에는 대파와 방울토마토 같은 농작물을 키우는 작은 텃밭도 있었다. 동네는 조용했고, 사람들의 걸음은 느릿느릿 여유로웠다. 시간이 느리게 흐르는 것 같은 한가한 동네 분위기가 둔촌주공아파트와 닮아있었다.

이번 부동산에서 소개해 준 집들은 그래도 나쁘지 않았지만, '여기다!'라는 확신이 드는 곳이 아직 없었다. 마지막으로 한번 봐보라고 보여주신 집에 들어왔을 때, 마침 집안 가득 시원한 맞바람이 들고 있었다. 내가 그토록 사랑하는 맞바람! 그런데 그 바람에 나무 향기가 담겨있는 게 아닌가! 어린이대공원이 바로 앞에 있는 것도 아닌데도 숲의 청량한 기운이 집안까지 전해지고 있었다. 작은 방 창문으로 바라본 동네의 풍경은 평화로운 소도시 같았다. 나지막한 집들 사이로 작은 교회 첨탑이 하나 보이고, 군데군데 건물 틈 사이로 나무들이 삐져나와 있었다. 그리고 저 멀리 높이 자란 어린이대공원의 나무들이 길게 담벼락처럼 이어져 있었다. 이 정도면 만족해야겠다는 생각으로 가 계약금을 걸었다. 하지만 여전히 둔촌주공아파트를 떠나야 하는 날이 다가온다는 생각에 기분이 그리 좋지는 않았다.

새로 이사 온 집은 둔촌주공아파트 집처럼 거실 창 가득 펼쳐지는 아름다운 경치는 없지만, 큰길도 건너지 않고 딱 300보만 걸으면 바로 어린이대공원에 닿는다. 공원 안에 들어서면 수많은 갈림길과 머물 수 있는 공간들이 활기차게 엮여 있다. 오늘 공원에서 무엇을 할지, 산책코스를 어디로 할지 마음껏 선택할 수 있는 넓은 녹지공간이 펼쳐진다. 공원의 나무들은 메타세쿼이아, 은행나무, 벚나무, 상수리나무 그리고 계수나무까지 얼핏 흔한 나무들 같지만, 요즘의

조경에서는 잘 사용하지 않는 나무들이 가득하다. 둔촌주공
아파트에서도 자주 보았던 나무들이다. 땅속 깊이 자신이 원하는
만큼 뿌리를 내리고, 자랄 수 있을 만큼 자라난 나무를 바라보는 건
그 자체로 삶을 응원 받는 듯한 기분이다. 어쩐지 나도 허리를 바르게
세우고 팔다리를 길게 뻗어내며 반듯하고 꼿꼿한, 건강한 사람이 되고
싶은 마음이 든다. 나무들은 매일매일 비슷한 하루를 보내는 것 같아도
각자 최선을 다해 계절의 변화에 적응해 간다. 열심히 숨 쉬고 새잎이
돋아나고 작은 열매를 맺는다. 나무마다 자라나는 모습이 다르고, 꽃을
피우는 계절이 다르듯 우리 모두 다른 모습으로 각자의 삶의 속도와
패턴이 있다는 걸 배우게 된다.

공원으로 가는 길에는 오래된 동네 슈퍼와 세탁소가 있고, 아주
작은 조각 공원도 있다. 큰 플라스틱 화분에 라일락 나무를 가득 심어둔
집고 있고, 오래되었지만 잘 관리된 단정한 주택에서 예쁜 꽃을 키우며
사시는 노부부의 집도 지난다. 그 집 대문 앞 작은 정원에는 불두화
나무도 있다. 보송보송하게 피어나는 노란 죽단화가 핀 담장도 지난다.
어쩜 이렇게 다 둔촌주공아파트에서 내가 좋아했던 꽃나무들이 계속
눈에 띌까? 왜 하필 죽단화의 꽃말은 '그리움'인가?

신기하게도 내가 사랑한 둔촌주공아파트, 새로 이사 온 동네와
어린이대공원, 그리고 새로 다니게 된 서울시립대학교는 모두
1970년대 박정희 시절에 조성된 공간이라는 공통점이 있다. 처음
어린이대공원에 다니면서 공원 곳곳에 놓인 박정희 시절의 흔적들이
놀라웠다. 박정희의 필체가 새겨진 거대한 비석이 있고, 이제는 사라진

'국민교육헌장비'도 있다. 새나라의 어린이는 일찍 일어난다는 그 노래 가사가 적힌 '노래비'도 있다. 서울시립대학교도 원래는 일제 강점기에 농업학교로 만들어졌다가 박정희 시대에 서울산업대학으로 바뀌었고, 나중에 인문대학을 추가하면서 서울시립대학교가 된 거였다. 마침 내가 다닌 건축학과가 있는 '건설공학관'이 바로 그 박정희 시절에 지어진 건물이었다. '뭐지? 왜 박정희가 계속 등장하지? 나는 왜 박정희 시절 끝자락에 지어진 둔촌주공아파트를 떠나 다시 박정희 시절에 만들어진 공원과 캠퍼스를 걷고 있나? 사실 나는… 주공 키즈가 아니라… '박정희 키즈'였던 건가?'

　　물론 그런 정치적인 연관성은 없고, 그보다 나는 그 시절에 만들어진 공간을 사랑하는 거였다. 낮은 건물과 그 사이 여유 공간이 만들어 내는 낮은 밀도의 쾌적함, 그곳에 심어진 익숙한 수종의 나무들이 만드는 특유의 분위기를 말이다. 그런 공간을 21세기 서울 같은 대도시에서 다시 만들어 내는 건 아마 불가능한 일일 것이다. 그런 면에서 지금 우후죽순처럼 솟아오르고 있는 초고층 아파트와 오래전 둔촌주공아파트를 '아파트' 카테고리라는 이유만으로 같은 유형의 공간처럼 묶어서 이야기하는 건 좀 섬세하지 않은 분류 같다. 오히려 공원 옆 오래된 주택가인 지금 이 동네가 그 시절 둔촌주공아파트와 더 닮아있는 것 같다. 그래도 휴먼 스케일이라 할 수 있을 5층 언저리의 낮은 건물들, 일상 가까이에서 누릴 수 있는 넓은 녹지, 그리고 지역 내에 오랫동안 쌓인 사람들의 관계가 실제로 있다는 점도 비슷하다.

　　집 앞에 오래된 동네 마트에는 언니 정도로 보이는 젊은 사장님이 계신다. 한번은 동네에 벌레가 너무 많아서 그분께 원래 이 동네가 이러냐고 여쭤보니 "모기 많은 건 공원 때문에 어쩔 수 없어요. 그래도 서울에 이만큼 살기 좋은 동네 잘 없을걸?"이라고 대답하셨다. 마지막 문장에서 동네에 대한 자부심이 물씬 묻어났다. '오- 이건 마치 둔촌주공아파트를 사랑하던 내 모습 같잖아!?' 나처럼 동네에 진심인 사람의 말이라면 일단 한번 믿어봐야겠다 싶었다. 그 뒤로 신기하게 이 동네가 더 좋아졌다. 동네 마트 사장님은 어린 시절부터 이 동네에 살았던 '동네 토박이'이신 듯하다. 가끔 사장님의 친구로 보이는 분이 놀러 와서 마트 카운터에 나란히 다정하게 앉아 계시기도 한다. 이방인인 내가 그런 관계를 이 동네에서 기대할 수는 없겠지만, 그래도 익명성만 가득한 차가운 동네보다는 오랜 관계가 쌓인 훈훈한 동네에서 나는 더 안전하다고 느끼고 안정감을 얻는다.

이곳에 산 지 몇 년쯤 지나고 보니 나도 이제 동네 사람들이 어느 정도 눈에 익었다. 공원을 걷다 보면 집 앞 세탁소 사장님 부부가 지나가기도 하고, 자주 가는 과일가게 아저씨가 운동하고 계신 걸 보게 되거나, 예쁘게 단장하고 어디를 바삐 가시는 반찬가게 아주머니를 마주치게 되기도 한다. 그리고 친구들이 동네에 하나둘 늘어나고 있다. 아는 동생이 신혼집을 마침 이 동네에 구했고, 대학원에서 만난 10살 어린 동기도 이 동네로 끌어들여서 가까운 동네 친구로 지내고 있다. 그렇게 이 집, 이 동네에서 벌써 6년째 지내고 있다. 특별한 일이 없으면 이번 겨울에 또 계약을 연장하게 될 것 같다. 되돌아보면 둔촌주공아파트를 떠나는 게 그렇게까지 불안할 일이었나 싶을 정도로 나는 새로운 동네에서 잘 지내고 있다. 참 용케도 둔촌주공아파트를 닮은 곳에 잘 찾아왔다 싶다. 애써 찾아낸 결과가 이렇게 좋아서 참 다행이다.

'안녕,둔촌X가정방문'을 하며 만난 이들도 가끔 연락드릴 때면, 어쩜 그렇게 다들 본인들이 이야기하셨던 대로 잘 사시나 놀라울 정도다. 성당 때문에 이 동네를 못 떠난다던 할머니와 가족분들은 바로 근처로 옮기셨다. 학교가 바로 앞에 있어서 저 멀리 산까지 조망이 탁 트이고 환한 집을 구하셨다고 했다. 이다음에는 바닷가에서 살고 싶다던 한 분은 바다라고는 한 조각도 찾아볼 수 없는 대구로 이사하셔서 조금 놀랐었지만, 몇 년 후 부산으로 직장을 옮기고 결혼도 하며 정말로 바닷가에 자리를 잡았다. 인터뷰에서 어머니가 둔촌주공아파트를 자신의 '제2의 고향'이라고 이야기하는 것을 보고 어쩌면 자신도 둔촌주공아파트를 떠나서도 다시 오랫동안 뿌리내리고 잘 지낼 수 있는 '제2의 고향'을 만날 수도 있지 않을까 하는 기대를 품었던 젊은 따님은 택지개발로 지어지는 아파트 단지의 청약에 바로 당첨되었다. 그리고 지금은 그곳에서 새로 만난 분들과 함께 어울려 지내며 마을 만들기 사업도 왕성하게 해나가며 그곳을 자신의 '제2의 고향'으로 직접 일궈가고 있다.

'어디에서 살아야 할까'를 진지하게 고민한 시간이 우리를 각자 살고 싶은 그곳으로 데려다준 게 아닐까. 각자 꿈꾸는 삶과 살아가는 모습이 다르듯, 살고 싶은 환경도 다 다를 거다. 나는 고요한 곳을 좋아해도, 누군가는 적막하다며 싫어할 수도 있다. 한곳에 오래 머물며

정주하는 삶을 살길 원할 수도 있고, 계속 새로운 곳으로 옮겨가며
변화를 즐기고 싶은 사람도 있을 거다. 어디에 살지는 각자에게 맞는
선택을 하는 것이 결국 정답일 것이다. 그리고 사람들이 다양한 만큼,
그 선택지도 다양해야 할 것이다. 그런데 우리 사회의 도시가 그렇게
다양한 사람들을 만족시킬 수 있는 다양한 선택지를 제공하고 있는지
생각해 보게 된다. 이 글을 읽는 이들 모두가 부디 자신이 진짜로
원하는 환경을 만나 원하는 만큼 머물 수 있게 되길 기원한다.

이별을 짓는 시간

<안녕,둔촌주공아파트>를 진행하는 내내 잔잔하게, 때로는 격정적으로 우울했다. 에세이를 쓰고 있는 요즘도 모처럼 지난 10년의 일들을 회고하다 보니 묵혀두었던 10년의 우울감이 다시 다 끄집어 나온 것 같아서 사실 조금 힘들었다. 이 우울감, 허무함, 무력감을 어떻게 10년이나 버텨냈을까 싶다. 그런데 사람들은 내게 "그래도 너는 네가 좋아하는 일을 해서 좋겠다.", "너는 네 꿈을 좇아가는구나!" 라고 이야기하곤 했다. 그런 이야기를 들을 때면 정말 남의 속도 모르고 참 편하게 말하는구나 싶어서 서운했다. 그들이 보기엔 내가 신나고 즐거워 보였나 보다. 아마 과감하게 회사를 때려치운 게 그렇게 보였을지도 모르겠다. 그래도, 아무리 그래도 그렇지. 어떻게 좋아하는 존재가 사라지는 걸 지켜보며 버티는 게 누군가의 '꿈'일 수 있을까?

그게 내가 '좋아하는 일'일 리가 없지 않은가.

"참 의미 있는 일을 하시네요."라는 칭찬도 프로젝트를 진행하며
정말 많이 들었다. 이건 우리 프로젝트의 의미를 발견해 주신 분이
나에게 건네주시는 응원이니 들을 때마다 감사한 마음이 훨씬 컸지만,
집에서 홀로 생각에 잠길 때면 그 '의미 있는 일'이라는 게 어쩐지
쓸쓸하고 씁쓸하다는 생각도 들었다. 더는 의미 '따위'를 좇지 않는
세상이 아니던가. 다들 이미 돈이나 유명세 같은 다른 가치를 따라
저 멀리 가버렸는데, 나만 시대착오적인 구시대의 낙오자가 된 것은
아닌가 싶은 불안감도 들었다. 이건 어쩌면 의미만 있는 그저 아름다운
이야기일 뿐일지도 모른다며 자조하기도 했다.

이런 헛헛한 마음의 원인을 정확히 짚어주는 말을 알게 되었다.
언젠가 대학 특강 때문에 지방 도시로 초대해 주신 한 교수님과 함께
시간을 보내며 이런저런 이야기를 나누고 있었다. 그분이 조심스럽게
"이 지역에서는 이런 속없는 짓을 '속창아지 없다'라고 해요. 어떻게
그렇게 속없는 짓을 지치지 않고 오래 할 수 있는 거죠?"라고
물어보셨다. 자칫 언짢게 들릴 수도 있는 말이었지만, 그걸 물어보시는
교수님의 눈빛을 보니 '아- 이분도 속없는 짓 많이 하시는 분이구나'
싶어서 오히려 반가웠다. '속'은 안쪽을 뜻하는 순우리말이다. 실속
(實속), 잇속(利속)처럼 실제로 뭔가 결과와 이익을 남기는 단어들에
자주 붙곤 한다. 그러니 '속이 없다'라는 건 남는 것 없이 의미만 있는
일을 열심히 하던 나 같은 사람에게 찰떡같이 어울리는 표현이었다.
그동안 내가 느끼고 있던 이 허무함의 이유를 한마디로 정리해 주는

표현이기도 했다.

　아무리 기록해도 남는 게 없었다. 둔촌주공아파트에 비하면 우리가
남긴 것이 터무니없이 작아 보였다. 자꾸 소중한 의미를 찾아내도,
사라지고 있는 소중한 것들이 훨씬 더 많은 것 같았다. 계속해서
내가 능력이 부족해서, 내가 건강하지 못해서, 내가 에너지가 없어서
지금 당장 해야 하는데 하지 못하고 있는 일이 더 많은 것 같았다.
사람들이 떠나가고 아파트가 망가지기 시작할 때부터는 그 헛헛한
마음이 너무 커져서 크게 휘청거렸다. 다들 '그래도 기록이 남았다'
라며 고마워하는데, 나에게는 내 눈앞에서 무너지고 있는 세계가 너무
컸다. 나는 그 기록들이 마치 모래를 움켜쥐고 손가락 사이로 우수수
빠져나가는 무수한 모래들을 지켜보다가 손바닥을 펴보면 '그래도' 몇
개 남은 모래 알갱이처럼 너무 작게만 느껴졌다.

　그렇다고 그동안 프로젝트에 매진한 걸 후회하는 것은 아니다. 나도
우리 프로젝트가 새삼 너무 의미 있게 느껴져서 울컥하는 순간도 더러
있었다. 생각지도 못한 곳까지 <안녕,둔촌주공아파트>의 이야기가
뻗어 나가 작은 변화를 만들고, 사람들에게 위로와 영감을 주었다는 걸
알게 될 때면 이야기라는 것의 힘에 놀라기도 했다. 하지만 만약 내가
이 일을 안 해도 되었다면 어땠을까? 만약 둔촌주공아파트가 사라지지
않았다면, 만약 그곳에 그냥 살면서 내가 진짜 하고 싶은 일을 하며
살 수 있었다면, 나는 어떤 내가 되었을까? 적어도 지금보다는 행복한
사람이지 않을까? 그런 생각을 자꾸 해보게 되곤 했다. 앞으로도 영원히
가지지 못할 '또 다른 나의 삶'에 아쉬운 마음을 느끼기도 했다.

그런 마음이 가장 심하게 들었던 건 지난 2022년, 프로젝트를 진행한 지 9년 차였던 시점이었다. 그 무렵 나는 단행본 집필을 위해 혼자 작업실에 틀어박혀 지내고 있었고, 그 해에 마흔이 되었다. 40년을 산 나의 인생 중 1/4인 10년을 어디에 흘려보낸 건가. 스스로 파놓은 진흙밭에 빠져서 벗어나지 못하고 있는 것 같았다. 이대로 점점 더 깊이 빠져버리다가 내가 아예 사라져 버리는 건 아닐까. 오래전 광고회사에 다닐 때 이대로 이렇게 죽어버리면 안 될 것 같아서 시작한 일이었는데, 그때처럼 내가 나를 다시 옥죄며 괴롭히고 있는 것만 같았다.

나는 어디에 와 있는 걸까. 그런 답답함과 회의감에 한창 빠져있을 때, 가수 이승환의 '30년'이라는 노래를 우연히 듣게 되었다. 지금으로부터 30년 전과 후를 오가며 그때의 나를 만나면 어떤 이야기를 나누게 될지를 상상해 보는 노래였다. 그 노래의 노랫말처럼 30년 전 10살인 나를 만나서 둔촌주공아파트가 사라지게 되어서 그걸 기록하고 떠나보내느라 10년을 보냈다고 이야기하면 그 아이는 어떤 반응을 보일까? 아마도 내가 기억하는 어릴 적 나라면, 그때도 이미 둔촌주공아파트를 좋아하고 있었으니, 이 세계를 기록해 두려고 애쓰며 10년을 버텨온 나에게 고맙다고, 대단하다고 얘기해줄 것만 같았다. 30년 후의 나도 지금의 나를 만나면 고생했다며 따뜻하게 안아줄 것 같다. 열심히 모아둔 기록들 덕분에 30년이 지나서도 그리운 고향의 기억을 이어갈 수 있다며 고마워할 것 같다. 적어도 과거의 나와 미래의 나를 실망하게 만들거나, 이해받지 못할 10년은 아니었던 것 같았다.

나의 먼 과거와 먼 미래를 함께 이어서 생각해 보니 지금의 내 모습이 그리 이상하다거나 문제라고 느껴지지 않았다. 오히려 내가 나에게 솔직할 수 있었던 첫 시도였다는 점이 뭉클했다. 이리로 가야 한다고 사회에서 정해둔 길을 처음으로 벗어나 내 마음의 목소리만을 따라 걸어온 게 <안녕,둔촌주공아파트>였다. 그렇게 하고 싶었던 일이 하필 슬픈 프로젝트였던 것은 안타깝지만, 그 슬픔을 참 나다운 방식으로 대비하고, 위로하고, 끈기 있게 지켜보는 길을 택한 것 같다. 어쩌면 나는 정해진 이별을 그저 받아들이는 게 아니라, 내가 원하는 방식으로 이별을 짓는, 작별(作別)이 하고 싶었던 거 같다.

시간이 한참 지났다. 둔촌주공아파트가 있던 자리에는 새로운 건물들이 거의 다 지어졌다. 마음에 일었던 먼지들도 다 가라앉은 후다. 오랜만에 예전에 만들었던 책을 만지작거리다가 이제야 '뭐라도 남아서 다행이야.'라는 생각이 들었다. 들고 있던 책의 무게가 새삼 더 묵직하게 느껴졌다. 한 장 한 장 넘기는 종이의 질감이 유난히 오돌토돌하게 느껴졌다. 편안하게 숨을 들이쉬고 내뱉는 나의 호흡이 느껴졌다. 내내 휘몰아치던 폭풍도 이제 다 지나갔다는 걸 알아차렸다.

현재만 있는 삶

그동안 미래가 걱정되어 과거를 챙겨두는 일에 현재를 너무 많이 썼다. 나의 현재에 과거와 미래만 있고 '현재'가 너무 없다는 걸 어렴풋이 느끼던 즈음, 친구의 이야기를 듣다가 내가 원하는 게 무엇인지를 또렷하게 알게 되었다. 그 친구는 예전에 친구들 사이에서도 유명한 '문구 덕후'였다. 그런데 이 친구가 결혼하면서 그동안 모았던 컬렉션을 부모님 댁, 원래 자기 방에 모두 다 두고 신혼집으로 몸만 옮겨 간 거다. 그랬더니 그곳에는 '현재만 있는 삶' 이 펼쳐지는데, 그게 정말 개운하고 좋았다고 한다. 현재만 있는 삶, 그 말이 정말 마음에 들어서 오래 기억해 두려고 오랜만에 일기도 썼었다.

나도 현재만 있는 삶을 살았던 적이 있다. 바로 둔촌주공아파트에서 보낸 어린 시절, 이 프로젝트를 시작하게 된 중요한 이유이기도 한 그 시절이다. 그저 지금과 오늘을 온전히 살아가는 게 전부였던, 후회되는 과거나 미래의 걱정을 오가느라 시간 축을 바삐 오가지 않고, 그저 하루하루 지나가는 시간 축을 따라 앞을 향해 한발씩 나아갔었다. 물론 내가 어릴 적에 그렇게 지낼 수 있었던 건, 나와 나를 둘러싼 세계를 지켜주던 엄마와 아빠, 그리고 친척들과 친구들, 이웃들 모두의 덕분이었다는 걸 잘 안다. 그리고 나이 마흔이 넘은 지금은 그게 그리 쉽지 않으리라는 것도 안다. 나뿐만 아니라 주변을 걱정할 일도 많고, 지나간 후회와 상처도 이제는 극복해야 하는 어른이 되었으니까 말이다.

되돌아보니 <안녕,둔촌주공아파트>를 진행해 오는 동안에도 그런 단조로운 흐름을 회복하고 싶어 했었다. 오랜만에 펼쳐 본 지난 책의 표지 날개에 '마을에숨어'를 소개하는 글에도 그런 메시지가 이미 담겨있었다.

> *마을에숨어*
> *우리가 살아가는 '지금 이곳'에서 머무르며*
> *하루하루의 삶이 조금 더 풍요로워지길 바라는*
> *마을 사람들의 작은 문화 공간*

그동안 너무 정신없이 몰아치는 시간을 보내느라 중요하게 생각했던 것들을 놓쳐버렸던 것 같다. 현재만 있는 삶으로 돌아가는 건, 둔촌주공아파트에서 배웠던 가장 중요한 삶의 가치를 실천하며 살고 싶다는 이야기이니, 다시 한번 애써보고 싶다.

|

　둔촌주공아파트는 어린아이에겐 마음껏 뛰어놀 수 있는 곳이
되어주었고, 세상에 나가 힘들어하던 젊은이에겐 언제든지 돌아와서
마음 놓고 기대어 쉴 수 있는 안식처가 되어주었다. 시간이 흘러
재건축으로 사라지면서도 그 과정을 통해 세상이 돌아가는 논리를
조금 더 배울 수 있게 해주었다. 그 과정은 참 힘들었지만, 그래도
이제는 내가 그런 변화를 이겨내고 버텨내는 힘이 있는 어른이
되었다는 걸 알게 되었다. 이렇게 끝없이 나에게 무언가를 주는 걸 보면,
둔촌주공아파트는 어릴 적 좋아했던 동화책『아낌없이 주는 나무』에
나오는 나무와 참 닮은 것 같다. 아쉽게도 둔촌주공아파트는 동화 속
나무처럼 나와 함께 늙어가지는 못하게 되었지만, 그래도 내가 늙고
지쳤을 때 기대어 앉을 둥치만큼의 기록은 지난 10년 동안 마련해 둔 거
같단 생각이 든다.
　올해에는 한 해에만 책을 두 권이나 내게 되었다. 지금 쓰고 있는
이 책 직전에 둔촌주공아파트의 40년 생애를 정리한『둔촌주공아파트,
대단지의 생애』(마티, 2023)라는 책을 출간한 게 지난 6월이었으니, 불과
4개월 만에 새로운 책을 또 내는 것이다. 가까이에서 나를 지켜봐
온 지인은 '10년'이라는 숫자 때문에 조금 성급하게 끝내려는 게
아니냐는 걱정도 해주셨다. 사실 그런 면도 없지 않은 것 같다. 어쩌면

먼 훗날 내가 슬기로운 할머니가 된다면, 지난 10년의 이야기를 다시 꺼내어 보면서 지금은 발견하지 못한 더 깊은 인생의 의미를 깨닫고 이야기하게 될 수도 있지 않을까? 그때까지 나는 다시 지금 이곳에 머무르며 하루하루가 더 풍요로운 '현재만 있는 삶'을 누리면서 살아가려 한다.

수년 전, 트위터에서 '퇴사할 때 쓰면 좋을 밈(meme)'이라며 돌던
애니메이션 영상을 하나 보았다. 무슨 상황인지 전후 맥락은 몰랐지만,
등장인물이 읊던 대사가 마음에 쏙 들었다. 마침 세상이 만든 것도
아닌, 나 스스로 만든 굴레와 속박에 묶여 벗어나지도 못하고, 그 안에서
열과 성의를 다해 열심히 굴레를 굴리고 있었던 나였기에 더 공감되는
대사였는지도 모르겠다. 처음에는 내 행복을 찾아 떠나겠다는 앞부분의
선언에 꽂혔었는데, 내 행복을 찾아 떠나면서도 다른 이들의 행복도
함께 기원한다는 맨 마지막 부분이 갈수록 마음에 더 큰 울림으로
다가왔다. 이렇게 긴 시간 동안 <안녕,둔촌주공아파트> 프로젝트를
이끌어오며 버텨올 수 있었던 건, 공감과 응원으로 함께 해준 많은
이들 덕분이었다. 그동안의 성원에 진심으로 감사드리며, 이 길고 긴
끝인사도 이만 마치려 한다.

안녕히 계세요, 여러분.
저는 이 세상의 모든 굴레와 속박을 벗어던지고
제 행복을 찾아 떠납니다.
여러분도 행복하세요.

안녕!

안녕, 둔촌주공아파트

안녕,둔촌주공아파트 5
사라지는 장소를 기리는 법

이인규 지음

발행처 마을에숨어
발행 이인규
출판등록 2014년 12월 19일
등록번호 979-11-954335
이메일 hideinmytown@gmail.com

편집 이인규
디자인 이인규 한다연
사진 류준열

Special thanks to
지난 10년 동안 〈안녕,둔촌주공아파트〉와 함께 해 주신 모든 분

안녕, 둔촌주공아파트 5

사라지는 장소를 기리는 법

ISBN: 979-11-954335-0-6 (세트)
ISBN: 979-11-985170-0-5 (04300)

초판 1쇄 인쇄 2023년 10월 30일
초판 1쇄 발행 2023년 11월 3일

값 16,800원